TODO MUNDO PODE SER FELIZ E SAUDÁVEL

COM A SABEDORIA ORIENTAL MILENAR

MARCOS AKIO ISHIDA

TODO MUNDO PODE SER FELIZ E SAUDÁVEL

COM A SABEDORIA ORIENTAL MILENAR

PandorgA

2014

Coordenação Editorial
Silvia Vasconcelos
Preparação
Project Nine
Diagramação
Project Nine
Composição de capa
Project Nine
Revisão
Débora Donadel
Project Nine

Texto de acordo com as normas do Novo Acordo Ortográfico da Língua Portuguesa
(Decreto Legislativo nº 54, de 1995)

Dados Internacionais de Catalogação na Publicação (CIP)
(Câmara Brasileira do Livro, SP, Brasil)

Ishida, Marcos Akio
Todo mundo pode ser feliz e saudável com sabedoria oriental milenar / Marcos Akio Ishida. -- Carapicuiba, SP : Pandorga Editora e Produtora, 2014.

1. Conduta de vida 2. Espiritualidade 3. Felicidade 4. Mudança 5. Sabedoria 6. Saúde 7. Sucesso I. Título.

14-05475 CDD-181

Índices para catálogo sistemático:
1. Felicidade : Sabedoria oriental 181

2014
IMPRESSO NO BRASIL
PRINTED IN BRAZIL
DIREITOS CEDIDOS PARA ESTA EDIÇÃO À
EDITORA PANDORGA
AVENIDA SÃO CAMILO, 899
CEP 06709-150 - GRANJA VIANA - COTIA - SP
TEL. (11) 4612-6404

WWW.EDITORAPANDORGA.COM.BR

SUMÁRIO

INTRODUÇÃO

Todo mundo nasceu para ser feliz e saudável, porém o hábito de ficar inconformado e preocupado de forma constante resulta em sucessivas infelicidades e frustrações diárias.

A saúde e a felicidade são como um diamante bruto que requer um processo de lapidação para se tornar brilhante de grande valor comercial. Caso você esteja passando por essa fase do processo, muitas vezes penoso, acredite que está sendo polido para uma vida melhor.

De acordo com Sakiyamuni (Buda), todo ser humano nasceu para ser feliz e totalmente saudável, imune a quaisquer acidentes e sofrimentos; basta nos lembrarmos do diálogo entre ele e seu discípulo:

– Mestre, por que existem tantas pessoas doentes, infelizes, vítimas de calamidades, pobrezas e outras desgraças?
O Mestre respondeu com apenas uma palavra:
– Ignorância!

Caro leitor, o Mestre quis dizer que é preciso conhecer o segredo da vida para ser feliz e saudável.

Saiba de antemão que nada é impossível, tudo é questão de você conhecer ou não o segredo da vida contido neste livro da Sabedoria Oriental Milenar.

Seja bem-vindo à Sabedoria Oriental Milenar. Com muito amor e compaixão, ofereço este livro inédito para conduzir você, caro leitor, a uma vida de plena felicidade, imune de doenças, assim como com o amparo e a riqueza para completar a sua felicidade.

I

O SEGREDO DA VIDA

01

DECIDA CONQUISTAR A FELICIDADE

Para que mais um livro não fique somente na teoria, é preciso que os leitores estejam não apenas resolutos a conhecer profundamente as colocações desta obra, mas também que se comprometam a seguir as recomendações aqui contidos, para que este livro seja o maior e mais valioso companheiro de sua vida.

No dia em que estava para iniciar este livro, recebi um telefonema da esposa do meu amigo, dizendo que inesperadamente o marido sofrera um ataque cardíaco e encontrava-se internado em estado grave na UTI desde a tarde do dia anterior.

Caro leitor, você saberia responder por que ocorrem essas enfermidades imprevisíveis? Seria fruto de uma casualidade? Ou uma fatalidade? Será que qualquer pessoa estaria propensa a contrair algum dia esses tipos de moléstias? Sem qualquer motivo ou causa? Claro que não!

Nada acontece por acaso; tudo apresenta uma causa, e, sem conhecer tais causas, não haverá felicidade e muito menos saúde. Desse modo, é necessário conhecer as causas que provocam as doenças, os infortúnios, as infelicidades e outras desditas na vida, com o intuito de que nos protejamos contra essas maldições.

A felicidade, assim como a saúde, não é resultado de se ter ou não sorte, não é somente destino ou uma fatalidade. Você é o único responsável que poderá determinar a felicidade ou a infelicidade, a saúde ou a doença, a riqueza ou a pobreza, e isso não depende de sorte ou azar. Depende, sim, de você conhecer e aplicar na sua vida o segredo da vida que rege todos os seres humanos.

Vivendo de acordo com as recomendações contidas neste livro, você será beneficiado com felicidade, saúde, amparo e outras benesses da vida. As pessoas que desconhecem essa verdade serão desamparadas e colherão muitas adversidades na vida.

Somente por meio do conhecimento profundo do segredo que envolve a vida, a posse da felicidade, da saúde e do amparo, será proporcionada aos leitores. Ninguém poderá ser feliz, de fato, utilizando artimanhas que não estiverem fundamentadas nessa lei da vida.

Assim, é preciso conhecer e aplicar as regras que regem as nossas vidas a fim de que sejamos felizes. Analogamente, para sermos um engenheiro elétrico, é necessário que conheçamos e apliquemos as regras da eletricidade.

Sabemos que muitas pessoas sofrem com infelicidades, doenças, carências e outras desditas, sem saber que existem os meios para solucionar tais problemas. Portanto, a você que lê este livro, *Todo mundo pode ser feliz e saudável com a Sabedoria Oriental Milenar*, e demais livros da coletânea da Sabedoria Oriental Milenar, meus parabéns! Esta obra contém as informações preciosas para conquistar não apenas felicidade, mas também saúde e sucesso.

Essa busca pelo conhecimento dos segredos da vida colocará você no caminho do sucesso, no qual desfrutará todos os benefícios, como saúde, felicidade, amparo e riqueza. Para tanto, não há necessidade de qualquer sacrifício ou esforço sobrenatural; basta ler este livro com atenção e, cada vez que identificar as situações, mude seus hábitos e suas ações para galgar uma vida feliz e gratificante.

Viver sem nenhuma diretriz, à mercê de sentimentos negativos, e com brigas intermináveis, resultará em uma baixíssima qualidade de vida, gerando, assim, consequências e danos às vezes irreparáveis em sua vida.

É preciso saber que você possui uma capacidade infindável no seu interior porém, não será feliz se não conhecer esses segredos da vida da Sabedoria Oriental Milenar.

Embora você tenha liberdade para viver feliz ou infeliz, doente ou saudável, a sua natureza é constituída de perfeição, portanto, é seu direito viver feliz e saudável. Jamais o Criador deseja vê-lo em uma vida de restrições, com doenças, carências e sofrimentos.

É de conhecimento de todos que Jesus dizia para procurarmos a verdade em primeiro lugar. A verdade significa conhecer os procedimentos, as regras, as normas, os segredos da vida, para viver com dignidade, isto é, sem doenças, sem pobrezas, sem brigas e sem nenhum tipo de desgraça.

Nesta obra são abordados não apenas os segredos da vida, para que você, leitor, viva em conformidade com as regras da natureza para ser feliz, mas também são esclarecidas as causas que originam doenças, infelicidades e desarmonias. Conhecer essas causas e pautar as suas ações de acordo com as informações contidas na Sabedoria Oriental Milenar fará com que jamais adoeça e também nunca seja afetado por qualquer tipo de infelicidade, além de assegurar amparo a você e à sua família daqui em diante.

A maioria das pessoas acredita que a doença ocorre casualmente, sem nenhum motivo, como se fosse uma visitante inesperada, que poderá atacar qualquer pessoa, estando qualquer ser humano propenso a contrair diversos tipos de doenças, independentemente de sua vontade.

Em nosso meio, nada acontece casualmente, sem motivos. Tudo tem as suas origens. Ao saber detectar as causas que geram as doenças, basta evitá-las para afastar as enfermidades.

As infelicidades causadas pelas brigas, separação de casais, acidentes de carro, desempregos, assaltos, tragédias, pobrezas e outros males de nossa sociedade também poderão ser evitadas com o conhecimento e a prática da Sabedoria Oriental Milenar.

Quando falamos de doenças, é comum que as pessoas procurem médicos, porém, muitos tipos de enfermidades ainda não possuem cura, fazendo milhões de vítimas em todo o mundo. A medicina, com toda a sua conquista no campo da ciência médica e da tecnologia, ainda não consegue realizar certos "milagres", por não ser da sua alçada mudar o gênio e a mente das pessoas que são as principais causadoras das mais diversas doenças.

Ao enfrentar as mais duras mazelas que surgem em seu caminho, é natural que as pessoas procurem alguém em quem se apoiar, buscando forças e consolo para seguir em frente e, quando essa pessoa não existe ou não se faz presente, é de se esperar que tal ausência seja muito sentida, gerando frustração e decepção em quem espera apoio do outro.

Revelo a você, com muita compaixão, os segredos da vida, para que todos possam viver com harmonia, felicidade e saúde, imune a quaisquer desgraças e infortúnios da vida, bastando, para isso, assimilar perfeitamente os conteúdos deste livro e viver fielmente de acordo com a Sabedoria Oriental Milenar.

Reflita agora mesmo e tome a decisão inabalável de conquistar a felicidade e a saúde. Quanto ao resto, deixe por conta do autor, que possui inesgotável fonte de amor e sabedorias milenares do Oriente.

A busca pela felicidade é como o aprendizado de uma profissão: não existe outra forma de ser feliz. É necessário conhecer profundamente o segredo da vida que norteia todas as pessoas para perto da felicidade ou para longe dela, rumo à saúde ou à doença.

No próximo capítulo, conheceremos o segredo da vida, o que certamente encaminhará todos os leitores a darem o primeiro passo rumo à realização da felicidade concreta.

02

O ENIGMA DA VIDA

Antes de buscar a felicidade ou a saúde, é necessário conhecer o segredo da vida; lembre-se da colocação feita no capítulo anterior de que é preciso conhecer a verdade caso contrário, jamais conseguirá ser feliz e saudável.

Vamos conhecer agora a nossa origem, sobre a qual a maioria das pessoas nada sabe. Desconhecer a sua origem, a sua atribuição, a sua missão e a sua obrigação, nos torna seres sem diretrizes e, sem objetivos, tornamo-nos egoístas, homens focados apenas em interesses pessoais, unilaterais e materialistas; ou seja, pessoas equivocadas.

Na verdade, o planeta Terra, o Sol, os astros e todo o universo, assim como todos os seres animados e inanimados, fazem parte da criação divina, sendo que, nada surgiu por acaso.

Sabemos que tudo que existe neste mundo é perfeito; basta um olhar atento a uma planta ou a uma fruta. Você também possui a perfeição original, por ser parte da criação divina, portanto, todos os seres humanos são perfeitos e magníficos em todos os sentidos, desde o seu princípio, além de possuírem infindáveis capacidades e amor.

Você acredita que o Criador, que possui sabedoria e capacidades imensuráveis, fez o homem de qualquer jeito e lhe deu a liberdade, dizendo: "Vocês, homens, são livres, e podem fazer o que bem entender: matar, roubar, brigar, guerrear, abortar, ofender, agredir, gritar e ser egoísta"?

Não é isso que estamos vendo diariamente em nossa sociedade? Qual a sua opinião, caro leitor, sobre tudo isso?

Os homens perfeitos, aos quais estou me referindo, não parecem tão perfeitos. Milhões de pessoas sofrem com doenças incuráveis, misérias, e todos estão brigando entre si: marido com mulher, filhos com pais, brigas e matanças no trânsito; há tornados, furacões, tsunamis, temporais e tempestades, causando milhares de vítimas.

Os hospitais estão sempre lotados de enfermos, com milhões de pessoas morrendo de doenças e acidentes, abusos intoleráveis em todos os níveis da sociedade e pessoas de má índole espalhadas em todos os cantos.

Como podemos afirmar que esses homens são perfeitos? Será que Deus, Todo-Poderoso, fez os homens tão imperfeitos? Deus é culpado por todas essas desgraças? Pergunta-se quem fez esses homens envoltos de ruindades, imperfeições, tão suscetíveis a enfermidades e mortais? Foi Deus?

Todas as pessoas têm conhecimento de que o ser humano possui o livre-arbítrio e, de fato, muitas pessoas vivem das maneiras citadas anteriormente, e não sabem o porquê de tantas desgraças acontecerem em suas vidas. O pior é que as doenças e as desgraças se apropriam das pessoas de surpresa, sem qualquer aviso, e, quando isso acontece, poderá ser tarde demais, não havendo mais remédio.

As pessoas estão equivocadas quanto ao sentido de livre-arbítrio; "arbítrio" significa "faculdade de decidir", sendo que a palavra "faculdade" possui o sentido de "capacidade intelectual, moral ou física".

Assim, LIVRE-ARBÍTRIO significa que *você é livre para decidir como agir, fazendo o uso de faculdade (moral e intelectual no nível superior).* Portanto, não se trata de poder fazer coisas arbitrárias (sem regras, injustas e erradas).

Em outras palavras, livre-arbítrio quer dizer que *você é livre para decidir quaisquer atos positivos, com amor.* Por essa razão, as pessoas que desobedecerem a essa lei fundamental receberão consequências desastrosas e jamais serão felizes. Sabe por quê?

O Criador, ao dar o livre-arbítrio aos homens, traçou diversas regras da vida que devem ser seguidas por todos nós.

A Sabedoria Oriental Milenar, por meio dos seus livros, revela os segredos (normas, regras, leis), para facilitar a compreensão, podendo, assim, evitar qualquer problema de doenças, misérias, acidentes, desarmonias e outros males.

A partir de agora, é preciso criar comprometimento em seguir todas as colocações da Sabedoria Oriental Milenar. Acredito que no interior de todas as pessoas exista uma parte do Criador, que certamente se identificará com essas regras divinas contidas neste livro.

No próximo capítulo, abordaremos não apenas os segredos do mundo em que vivemos, para que você possa conhecer de que forma os nossos atos, os nossos pensamentos e os nossos gênios influenciam as nossas vidas, mas também a existência de mistérios que regem a vida de todas as pessoas.

03

O SEGREDO DO MUNDO EM QUE VIVEMOS

Já conhecemos um pouco do mistério da vida, agora vamos conhecer esse mundo cheio de enigmas, embora todos acreditem que nosso mundo seja constituído somente de matéria visível, sem qualquer mistério, excetuando-se os elementos invisíveis microscópicos, como átomos, elétrons, micróbios, bactérias e células, elementos esses que necessitam de aparelhos específicos para serem visualizados.

A grande maioria das pessoas acredita que a sua vida é independente e desconhece a existência das forças ocultas que regem o nosso universo.

Na sociedade da qual fazemos parte, há organizações constituídas pelos Poderes Legislativo, Judiciário e Executivo, que ditam as regras organizacionais de nosso meio, em que qualquer desobediência gerará sanções previstas pelas leis.

Entretanto, há outras leis ocultas que também norteiam as condutas dos seres humanos, determinando os rumos da humanidade, também resultando em consequências inimagináveis àqueles que não as seguirem corretamente.

Sabemos que este mundo material em que habitamos é constituído de matérias, desde elementos minúsculos que não enxergamos como os átomos os micróbios, passando pelo som e pelas imagens de TV, até elementos grandiosos; todos são constituídos de matéria.

O nosso corpo carnal é constituído unicamente de matéria, incluindo nisso o corpo astral, etéreo e espiritual. O que não constitui matéria é a nossa mente, pois esta é a vida original do ser humano.

Neste capítulo, conheceremos o enigma de nosso planeta, para que possamos entender o mecanismo de funcionamento das forças ocultas e invisíveis que controlam as vidas e os destinos de todas as pessoas, independentemente de você acreditar ou não, de aceitar ou não, de conhecer ou não essas forças – consideradas por muitos como a "força da natureza" (regras da vida).

Essas regras são semelhantes à Constituição da República, criada pelos homens. A diferença é que elas não aparecem escritas em nenhum lugar, sendo, entretanto, um conjunto de regras permanentes e incontestáveis e imprescindíveis, que determinam o destino e a vida de todas as pessoas. Jesus as chamava de "Verdade, Caminho", Justiça de Deus, Vontade de Deus, Pai etc., deixando claro que essas regras não possuem qualquer relação com religião.

Para melhor compreensão dessas leis, que são de grande importância para todas as pessoas, precisamos saber que todos os acontecimentos que nos ocorrem são resultados do próprio pensamento e também consequência de nossos atos, nunca sendo uma ocorrência casual, acidental, uma coincidência ou um castigo de Deus.

Causas mentais

Pensamentos como "sou infeliz" o farão sempre infeliz. É preciso acreditar na felicidade para chegarmos a ela. Da mesma forma, um pensamento de pobreza (material) jamais o tornará rico, e o mesmo vale para a sua saúde. Desenvolver a ideia de que você é uma pessoa fraca e doente o transformará em um ser não saudável. Da mesma forma, acreditar ser um "pé-frio" o afastará da "sorte".

Estar com indisposição para os estudos, esperando a disposição chegar para estudar resultará em uma espera inútil. Nesse caso, é preciso criar motivação, ir à luta e estudar muito para criar a disposição.

Se acreditar na crise e sentir que a vida está cada vez mais difícil, realmente ela ficará cada vez mais difícil.

Crendo que morrerá no trânsito, fatalmente isso acontecerá.

Na vida profissional, não tema perder o emprego, pois isso certamente se concretizará.

É assim que a vida funciona. Saiba que o contrário também é uma certeza.

Observe: Se você acreditar que será feliz, certamente será muito feliz. Não se trata de esperar por um acontecimento maravilhoso casual. A felicidade não vem de fora para dentro, mas sim o contrário.

É importante ressaltar que todos os pensamentos fortes e inabaláveis se concretizarão na sua vida.

É muito mais comum e cômodo acreditar na crise, culpar o governo, o seu chefe ou a empresa e sentir-se vítima para justificar a sua própria fragilidade, em vez de partir para conquistar a sua felicidade ou os seus ideais.

Agora que conhecemos esta regra da vida, vamos partir para conquistar tudo o que desejarmos em nossas vidas com pensamentos positivos e inabaláveis, sem deixar que a imaginação negativa e o medo atrapalhem a conquista da nossa felicidade.

Consequências causadas pelo gênio das pessoas

A maioria das pessoas desconhece as causas das doenças, das infelicidades, das desgraças e dos acidentes, acreditando em casualidades, coincidências, má sorte ou, ainda, culpando os outros.

Na verdade, não há acontecimento esporádico ou acidental; tudo é regido por uma razão. Essas causas as quais me refiro são o grande mistério da vida, que determinam a saúde ou a felicidade, a doença ou a desgraça, o acidente ou o amparo, assim como todos os fatos ocorridos em nossas vidas.

Vejamos.

Para cada ato seu, por menor que seja, haverá uma série de consequências.

Cada ação positiva sua trará consequências positivas, e cada ato negativo lhe renderá consequências negativas. Portanto, é nosso dever buscar o aprimoramento diário, a cada passo, do nosso gênio, da nossa mente, do nosso amor, da nossa conduta, para sermos uma pessoa bondosa, amável, honrada, educada e com muito amor no coração.

Atos positivos

Para qualquer que seja o ato positivo, por menor que pareça, haverá um retorno positivo. Esses atos positivos devem ocorrer primordialmente em relação aos seus familiares. Pode parecer uma ideia egoísta, mas não é. Seria incoerência afirmar que os atos positivos devem direcionar-se primeiro aos outros, e depois aos seus familiares.

Os elementos dos átomos, no caso os elétrons, giram em torno de seu núcleo, e nunca em torno do núcleo de outros átomos. O conjunto harmonioso desses átomos forma diversos tipos de matérias, essenciais ao mundo em que vivemos.

Portanto, devemos em primeiro lugar priorizar o relacionamento harmonioso e gentil com nossos familiares, para depois estendê-lo às demais pessoas com quem nos relacionamos.

Assim, contribuiremos para a formação de uma sociedade mais justa, humana e fraterna.

Qualquer atitude não condizente com a colocação acima é um ato equivocado que resultará em consequências negativas.

Por menor e mais inexpressivo que um ato lhe pareça, como cuidar do seu filho, cozinhar para a sua família, dirigir uma palavra de afeto à sua esposa, ou respeitar e amar seus parentes, ele sempre acumulará méritos positivos a seu favor.

Esse relacionamento de amor, carinho e respeito mútuo com a família (principalmente com os seus pais) deve se expandir e se propagar até as outras pessoas com quem você tiver contato; no local de trabalho, nas lojas com os vendedores, nos hotéis com os funcionários, nos restaurantes; sempre tratando tudo e todos com muito respeito e carinho, assim como você costuma se relacionar com os seus familiares.

Atos negativos

Infelizmente, existem pessoas, partidos e até países que priorizam somente o seu lado, menosprezando os demais com atos desprovidos de amor, caridade e compreensão.

É muito comum presenciarmos cenas de pessoas que gritam e ofendem as atendentes nos bancos, nas lojas, nos hotéis e nos restaurantes. Essas pessoas se relacionam da mesma forma com os seus familiares?

Se não quer que gritem com você, não grite com as pessoas. Se quiser receber elogios, primeiro elogie os outros. Deseja ser feliz? Faça as pessoas felizes. É muito fácil ser feliz, não é mesmo?

Quaisquer que sejam os atos negativos, como gritar, ofender, maldizer etc., acarretarão consequências que resultarão em sucessivos infortúnios, que, por sua vez, serão os motivos geradores de suas infelicidades.

Se quiser ser feliz, tenha muito amor no coração, nas palavras proferidas, na mente, em seus gestos e em todos os momentos da sua vida. Esqueça que você está com a razão. Nesse caso, a sua razão não vale para nada. O que realmente importa é a sua saúde e a sua felicidade, portanto, nunca fique nervoso ou irritado com os outros, para que essas mágoas não afetem a sua saúde.

Nunca analise os acontecimentos e nem as pessoas somente sob o seu ponto de vista; ame as pessoas incondicionalmente e exculpe, se for o caso.

Por mais que você ache que o fulano está errado e você está certo, não esqueça de que aqui na Terra nada é por acaso. Tudo faz parte de um perfeito projeto Divino. Os problemas acontecem para seu aprimoramento pessoal.

Como se propagam os pensamentos

Em nosso mundo material, todos os pensamentos se concretizam após algum tempo, e não de imediato, devido ao fato de as vibrações mentais do homem (carnal) no mundo material serem muito densas e possuírem certa morosidade. Por essa razão, o seu pensamento ou a sua oração leva certo tempo para se realizar.

Portanto, a sua vida de hoje é resultante do seu pensamento até o presente momento, e jamais culpa do governo, nem dos seus pais e muito menos do seu patrão ou do seu gerente.

O dia em que você deixar o corpo carnal e passar a viver em forma de espírito verá que as vibrações mentais destes são do tipo rarefeito, propagando-se muito rápido, por isso o pensamento (ato de acreditar) realiza-se com mais velocidade, criando-se, assim, uma situação condizente ao seu pensamento no mundo espiritual, como se fosse um devaneio ou um sonho.

Esses pensamentos (positivos ou negativos) provêm das experiências vividas com o corpo carnal, não se tratando de um desejo ou um anseio.

Assim vivem os espíritos que padecem no mundo espiritual por longos anos, até o despertar, descobrindo que não possuem mais o seu corpo material, vendo-se livres de quaisquer necessidades ou doenças oriundas de seus corpos físicos.

Tais sofrimentos (de doenças) dos espíritos, em formas de vibrações, afetam os familiares que tiverem semelhantes afinidades e causam as doenças de origem desconhecidas ou incuráveis, sob o ponto de vista da medicina tradicional, como o caso de câncer, a epilepsia, a diabetes, a leucemia, o Alzheimer, as doenças mentais etc.

Nenhuma artimanha teórica poderá fazer uma pessoa feliz se ela não souber as causas da doença ou sua forma de evitar ou curá-la (veja também outros livros da coletânea da Sabedoria Oriental Milenar).

Influências das vidas passadas

Todo ser humano nasce e vive neste mundo de acordo com o seu mérito ou demérito, acumulados nas vidas passadas. Entretanto, ninguém sabe os motivos de tantas dificuldades ou das desgraças que envolvem a sua vida aqui na Terra.

Se soubessem o segredo da vida que proporciona inimagináveis consequências dos atos malévolos praticados nas vidas passadas, nenhuma pessoa, por mais que seja possuidora de extrema malevolência, teria coragem de praticar qualquer ato que venha a ferir as pessoas, tanto com as palavras ofensivas como com atos físicos e cruéis.

Consequência de uma causa

Em nosso meio há uma força misteriosa, oculta, inviolável e imutável que determina uma reação para uma causa correspondente, por menor que seja, sendo ela positiva ou negativa.

Essas causas não retornarão nas mesmas moedas, mas sim multiplicadas em milhares de vezes, até que o infrator perceba que estava errado, corrija as suas ações e decida nunca mais praticá-las. Veja o exemplo abaixo:

Um senhor de certa idade estava com o pé direito muito inchado e sentia dores terríveis. Mesmo altas doses de antibióticos e anti-inflamatórios não surtiram efeito algum. O médico já o havia prevenido da necessidade de amputar a perna.

Perguntei a ele:

– Manuel, por que você tem tanta raiva de sua esposa?

Ele me respondeu:

– É que a minha mulher fez isso, fez aquilo e não posso perdoá-la e nem viver mais com ela. Estou me separando dela.

Eu, então, disse a ele:

– Manuel, você acha que a esposa é sua escrava? Você não tem direito de ficar ditando as regras para ela do que pode e do que não pode fazer. Ela é livre para fazer o que quiser, entretanto, se ela cuidar do seu filho, ou cozinhar para você, ela estará fazendo um favor, e não uma obrigação. Portanto, a cada favor que ela fizer, você deve agradecer; assim a sua esposa será maravilhosa e se tornará a melhor companheira do mundo. Outra coisa, você também é livre para não perdoar a esposa e abandoná-la juntamente com os filhos, porém, a sua perna será amputada. A escolha é sua. Ou perdoa a sua mulher ou corte a sua perna fora!

A partir dessa data, ele deixou de tomar todos os medicamentos e após duas semanas a perna dele estava totalmente curada sem nenhuma dor nem inchaço. É milagre? Mentira? Claro que não! Trata-se de um método de cura metafísica que eliminou a causa.

Não estou afirmando que toda briga com cônjuge resulta em algo parecido ou igual ao exemplo acima, pois depende de cada pessoa e de cada caso, podendo ocorrer diversos outros problemas de saúde nesta vida ou até em uma próxima reencarnação. Entretanto, as pessoas nunca estarão livres dos atos malévolos praticados, devido a existência de regras que determinam consequências das causas que regem todos os seres humanos.

Vingança dos espíritos

Inacreditavelmente, ainda existem pessoas que não acreditam na existência dos espíritos. O espírito é o próprio homem sem a vestimenta do corpo carnal. Ele continua vivendo infinitamente em sua forma original de criação, a qual recebeu dos homens o nome de "espírito".

Somente as pessoas com mediunidade podem vê-lo. O espírito não pode ser visto, mas sim as suas vibrações mentais, que se apresentam da mesma forma de quando o seu corpo carnal habitava o nosso mundo físico. Portanto, as pessoas desprovidas de um dom mediúnico jamais poderão vê-lo.

Todas as pessoas recebem influências espirituais durante a sua jornada terrena, sejam elas positivas ou negativas. Embora a maioria das pessoas não acredite na existência dos espíritos justamente por não enxergá-los, outros sabem de sua existência mesmo não os enxergando, baseando-se em fatos e acontecimentos narrados por pessoas próximas.

As pessoas acreditam inconscientemente somente na matéria e naquilo que enxergam, dificilmente acreditando em coisas imateriais ou invisíveis.

Os espíritos que foram prejudicados durante a sua estadia aqui na Terra, muitas vezes, exercem vinganças, reunindo vários outros espíritos malévolos a fim de praticar a desforra, de uma forma terrivelmente cruel e maligna, podendo causar a doença no filho, a perda de emprego do pai, envolver a família em um acidente, causar possessão espiritual irreversível, atrapalhar os negócios da família, causar anomalias de nascença etc.

Por essas razões, tenho citado, em todos os livros de minha autoria, a necessidade de vivermos sempre com amor no coração, respeitando e amando todas as pessoas com quem temos contatos na vida, nunca devendo gritar, criticar, ofender ou praticar qualquer ato de crueldade contra o próximo.

Doenças provenientes de influências espirituais dos ancestrais são de fácil cura, desde que se aplique corretamente a cura metafísica, mesmo sendo enfermidades incuráveis pela medicina atual ou oriundas de causas desconhecidas.

Todos os problemas, ou doenças, causados pelas vinganças dos espíritos, assim como outros infortúnios de causas cármicas, são de difícil solução.

Os habitantes de nosso planeta recebem grandes influências espirituais, porém, a maiorias das pessoas desconhece esses fatos e não sabem o porquê de tantas adversidades insolúveis na vida.

Sem conhecer esses fatos, será impossível alcançar a plena felicidade. Na verdade, para alcançá-la, é preciso conhecer todos esses enigmas da vida. Como dizia Jesus: "Conhecei a verdade e a verdade vós libertará". (João 8,31-32)

É o mesmo que dizer "Conhecei o enigma (mistério, verdade, segredo) da vida, para viver feliz próspero e saudável" ou então "Conhecei bem as leis da eletricidade para que seja um bom engenheiro elétrico".

Espero que todos os leitores conheçam perfeitamente esses mistérios da vida, e que sejam felizes, prósperos e saudáveis para sempre.

Você sabia que no seu interior existem dois "eus"? E como são esses "eus"? Vamos conhecê-los no próximo capítulo?

04

EXISTÊNCIA DE DOIS "EUS"

Todas as pessoas possuem dois "eus", o "eu" perfeito (original, autêntico, amoroso) e o "eu" imperfeito (material, egoísta, perverso).

Na verdade, são esses dois "eus" que determinam o "livre-arbítrio" dos homens, de priorizar o primeiro "eu" perfeito, ou o segundo "eu" imperfeito.

Normalmente, as pessoas vivem manifestando ora o eu perfeito, ora o imperfeito, por questão social, por educação e também pela força da lei que disciplina as pessoas na sociedade em que vivem.

A maioria das pessoas faz o uso do eu imperfeito (egoísta), a qualquer momento, em sua defesa, ora agredindo, ora gritando, ora ofendendo, ora xingando, sempre se baseando na ideia de estar com a razão. Entretanto, é esse "eu" que causa infelicidade, doenças e outros males.

No último dia do ano de 2012, enquanto eu escrevia este capítulo, lembrei-me de uma pergunta que me fizeram durante uma palestra:

> *– Por que uma pessoa que eu conheci, trabalhou a vida toda e depois de certa idade contraiu uma das piores doenças e sofreu tanto até falecer?*

Eu respondi a ela:

– Na verdade, todas as pessoas aqui na Terra têm como atribuição o aprimoramento espiritual, visando ser cada vez mais educadas, atenciosas, carinhosas, humildes, afáveis e, sobretudo, uma pessoa que possua um amor profundo em relação aos outros, priorizando em suas atitudes sempre o "eu" perfeito, em detrimento do outro "eu", imperfeito e egoísta, causador de doenças e outras mazelas da vida.

Ela me disse:

– Para dizer a verdade, essa pessoa era muito arrogante e possuía muita maldade, e sempre fazia questão de dizer: "Eu sempre falo a verdade, doa a quem doer!".

– Por isso essa pessoa recebeu de volta todas as dores que causara às pessoas, ou seja, colheu o que ela mesma plantou.

Infelizmente, ninguém poderá ser feliz sem conhecer as veracidades da Sabedoria Oriental Milenar. Precisamos viver cada dia, dar cada passo priorizando somente o primeiro "eu" e vivendo com muito amor no coração, sempre tentando evitar qualquer prática que seja nociva ao próximo.

Lembre-se de que o maior inimigo da sua vida é o "eu" egoísta, nervoso, malévolo, arrogante, impiedoso e vingativo.

Talvez, algumas pessoas poderão pensar que estão com a razão, por acharem que são prejudicadas, fazendo terríveis maldades, a fim de que prevaleça a sua razão ou apenas para satisfazer o seu ego, sem saber que deverão arcar com as consequências inimagináveis de seus atos.

Pergunto: Com esse tipo de atitude malévola, algumas pessoas ainda querem ser felizes? Ainda acham que estão com a razão? Por favor, a partir de agora, vamos decidir não realizar atos que prejudiquem o próximo, passando a viver com mais paz e amor no coração.

Na verdade, a felicidade é resultante dos conhecimentos teóricos aliados à prática das informações contidas na Sabedoria Oriental Milenar.

Desse modo, a felicidade deve ser criada e desenvolvida dentro de você, baseada em um sentimento chamado AMOR, o qual requer aprimoramento constante; restando a nós, seres em evolução constante, a necessidade de expressar esse belo sentimento em cada palavra, em cada ato nosso.

O segredo para se alcançar a felicidade é, antes de tudo, fazer as pessoas felizes, tratando-as com carinho, respeito e amor. Para isso, é preciso que você elimine o seu "eu" perverso, perdoe as pessoas, e saiba que a sua atribuição nesta vida é ser útil e amável com todos.

Alguns homens, por ocuparem importantes cargos na sociedade ou exercerem determinadas profissões com elevado *status*, julgam-se mais importantes que os outros. É evidente que eles estão equivocados. Vamos ver o que diz o Mestre Sakiyamuni (Buda) no próximo capítulo?

05

NINGUÉM É MAIS DO QUE NINGUÉM

É preciso ter muito cuidado com a sua personalidade (caráter próprio e exclusivo de uma pessoa) para você não se ludibriar com conceitos equivocados em relação à importância de uma pessoa na sociedade.

Atualmente, vivemos em uma época de especializações em todas as áreas de atividades, devido a uma infinidade de segmentações.

Mesmo sendo uma pessoa extremamente culta em determinada área, ou mesmo que ocupe um cargo importante de autoridade, não será capaz de cortar o cabelo, de operar uma máquina de usinagem, de realizar uma cirurgia simples, de cozinhar, de produzir o remédio, ou de consertar uma placa eletrônica. Portanto, nenhum ser humano é capaz de viver sozinho.

Não é o salário ou o cargo que determina a importância de uma pessoa, muito menos os seus bens materiais ou a sua fama.

Na verdade, todas as pessoas dependem umas das outras, para viverem em nosso mundo com qualidade de vida. Por mais que alguém se sinta importante ou intelectual, sempre dependerá de milhares de pessoas (muitas desconhecidas) para viver neste mundo.

Por favor, não me diga: "Estou pagando!". Pagar por um serviço ou um produto não é motivo para se vangloriar, envaidecer-se *ou achar que está fazendo um favor*. Trata-se de uma transação comercial, pela qual o cliente deve apenas agradecer ao efetuar a compra.

Dependemos uns dos outros para viver neste mundo globalizado e dinâmico, portanto, ninguém é mais do que ninguém. Somos seres sociais, sendo todas as pessoas iguais perante o Criador. Ninguém é mais importante do que os outros e, muito menos, menos importante.

Cada pessoa possui uma atribuição em meio ao grande conjunto de engrenagens da sociedade em que estamos, assim, todas as pessoas, independente do seu cargo ou do seu poder aquisitivo, fazem parte de um dente de engrenagem de igual valor.

O Mestre Sakiyamuni pregou:

> *"Todos os seres, animados e inanimados, têm a origem Búdica (divina) de igual valor."*

Isso significa que tudo que existe ao nosso redor, as plantas, os animais, as aves, os insetos e os homens, por exemplo, é criação divina de igual valor.

Desse modo, fica fácil concluir que não existe um homem mais importante do que outros homens e muito menos uma raça mais "pura" do que outra, e que nenhuma espécie é mais importante do que outra qualquer; cada um possui a sua atribuição dentro do mundo em que vive.

Na ausência de sentimentos de igualdade, com a predominância da arrogância e da petulância, não haverá felicidade ou saúde. Isso ocorre graças à existência das regras da natureza, que regulam as vidas de todos os habitantes do mundo, independentemente de acreditarem ou não.

Infelizmente, ainda existem muitas pessoas equivocadas, que se creem mais importantes do que as outras, por exercerem certa profissão ou possuírem bens materiais em maior quantidade do que outros.

A partir do momento em que você se julga mais importante do que os outros, certamente o amor está ausente na sua mente e no seu coração, e o ego, assim como a arrogância (que são os dois piores valores do ser humano), tomarão conta da sua vida, trazendo consequências extremamente graves, sendo a maioria delas sem solução.

Para alcançar a felicidade é importante priorizar o cultivo do amor e da humildade, da dedicação e da honestidade em todos os atos, com todos os seres vivos.

Se você tem poder, use-o para ajudar as pessoas, se tem dinheiro, invista-o um pouco nas pessoas. Caso você exerça a medicina, ajude as pessoas necessitadas. Se você não tem nada para ajudar as pessoas, contribua com algum tipo de serviço e com muito amor; sempre sendo grato por poder ajudar aqueles que necessitam.

Quase todos acreditam que são mais importantes do que os micróbios, os vírus e as bactérias, que aparentemente são insignificantes, minúsculos e quase invisíveis, considerados por muitos inimigos dos homens. Os leitores saberiam dizer o porquê de esses seres, considerados inimigos dos homens, terem sido criados por Deus?

Como já disse, todos os seres têm as suas atribuições no planeta em que habitamos. Você saberia dizer quais são as atribuições desses micro-organismos aparentemente indesejáveis aos seres humanos? Não? Então vamos saber agora:

Uma das razões da existência desses micro-organismos é a de ajudar os homens. Você não acredita? Acha absurdo? Mas é verdade! Quer saber como eles ajudam os homens?

Eles são elementos utilizados para corrigir os nossos desvios de comportamentos.

Se a pessoa acreditar que é extremamente importante e mais valiosa do que os outros, tornando-se cada vez mais petulante, é provável que alguém de sua família contraia uma doença muito grave, causada por micróbios ou vírus. Nesta circunstância, reconhecerá que nada poderá fazer diante dessa situação, mesmo com toda a sua importância.

A correção do desvio de comportamento é realizada dessa forma, conforme as regras que determinam as consequências correspondentes às causas. Para que as pessoas sejam humildes e vivam com amor no coração.

Tuberculose é uma doença típica de uma pessoa com estado mórbido de tristeza e depressão, cujo auge ocorreu no período romântico[1] da literatura mundial.

Uma pessoa que estava com tuberculose em fase muito avançada. Ao ver o sol que nascia no horizonte do mar com magnificência, sentiu que vivia presa no casulo de um pequeno eu autocentrado, dominado pelo sentimentalismo. Achou muita graça da situação em que vivia, e começou a gargalhar por alguns minutos. Após esse dia, o bacilo causador de tuberculose desapareceu por completo de seu corpo.

Caro leitor, você saberia dizer a causa de uma gripe?

Todas as pessoas acreditam que a gripe é contagiosa, portanto, quando contraem o vírus, culpam outro indivíduo que o contagiou, achando-se simplesmente uma vítima.

---

1 *O período romântico vai desde o final das Guerras Napoleônicas até meados do século XIX.*

Se a gripe é contagiosa, como muitos pensam, por que todas as pessoas que estiverem no mesmo ambiente não se contagiam por ela? Sabem por quê?

Podemos resumir dizendo que algumas pessoas estão propensas a contrair gripe, e outras não. Saberia dizer quais as diferenças de quem contrai gripe para aquele que não a contrai?

É muito simples. Quem contrai o vírus está em conflito mental com algumas pessoas (nervosismo, raiva, brigas etc.), geralmente com os familiares.

Portanto, se não quiser contrair gripe, basta viver em harmonia com todas as pessoas, principalmente com os familiares, procurando sempre se relacionar com muito amor no coração, respeitando e amando incondicionalmente.

Todas as doenças, assim como a gripe das crianças, são reflexos mentais dos pais. Para aqueles que não acreditam, basta observar o seu estado mental e relacioná-lo com os fatos.

Para curar-se das enfermidades causadas pelos micro-organismos, em primeiro lugar, é necessário corrigir a própria postura mental, substituindo os sentimentos conflitantes por sentimento de amor, e depois fazer a oração que consta em outros livros da Sabedoria Oriental Milenar.

Caro leitor, você sabia que é a mente que proporciona a felicidade ou a infelicidade, a doença ou a saúde, a riqueza ou a pobreza? Vamos conhecer este importante segredo da nossa mente, no próximo capítulo?

06

CONHECENDO O SEGREDO DA MENTE

A sua mente poderá fazer você feliz ou infeliz, assim como manterá a sua saúde ou criará a sua doença, a sua riqueza ou a sua pobreza, a sua fortaleza ou a sua fraqueza, a sua inteligência ou a sua burrice.

Não haverá felicidade e muito menos uma vida saudável sem o conhecimento dos segredos da mente da Sabedoria Oriental Milenar. Viver sem conhecer esse assunto ou levar a vida na base do "faz de conta" ou de "qualquer jeito" é muito grave, pois um dia poderá ser tarde demais.

Essa mente a qual estou me referindo é o seu pensamento, o grande motor gerador dos acontecimentos da sua vida. Naturalmente, tal pensamento deve estar em conformidade com a sua atitude (forma de proceder, agir ou atuar no cotidiano) e a sua personalidade (caráter próprio da pessoa).

Em primeiro lugar, é preciso ordenar, disciplinar, organizar e direcionar os pensamentos e nunca deixá-los "vagar", principalmente nas situações emotivas.

Digamos que você seja um motorista e decida ir até a cidade de Jundiaí. Decidido o destino, deixe o restante por conta do seu subconsciente, pois ele fará tudo para você. Entretanto, se estiver com dúvida sobre a qual cidade vai (Ex.: Cotia, Santos, Itaquera, Mogi das Cruzes ou Itu), ou caso decida não ir à cidade alguma, pergunte-se: Aonde você foi? Para qual cidade? Não foi a nenhum lugar?

A vida também funciona dessa mesma forma; afinal de contas, o que você quer? Qual é o seu objetivo?

O que você está pensando neste momento? Não diga que está pensando: "Eu desejo ganhar bem e ter uma bela casa ou um lindo carro, mas a vida está tão difícil!". Você quer ganhar bem e ter a casa e o carro ou quer viver justificando que a vida está complicada e que é melhor ficar acomodado e não fazer nada? Depois quer culpar a crise, o salário, a inflação?

Há muitos anos, conheci uma pessoa que procurava uma casa para comprar, mas que, mesmo tendo plena condição de comprá-la, sempre que encontrava um imóvel, achava que estava muito caro.

Hoje, após muitos anos, continua sem ter a casa e sem o dinheiro, pois acabou gastando em outras necessidades que surgiram durante a sua vida. A casa que pretendia comprar, hoje, vale mais de R$ 2 milhões.

Na verdade, não se deve avaliar se está caro ou barato. É preciso analisar se é possível comprar e o real potencial de valorização do imóvel.

Você quer ser feliz? O que está fazendo para isso? Saiba que a felicidade não cai do céu. Já parou algumas vezes para pensar? Não tem tempo? Cuidado!

O tempo passa muito rápido, caso não tome uma decisão agora, hoje será igual a ontem e amanhã será igual a hoje. Este ano será igual ao ano passado e o ano que vem será igual a este ano, e assim por diante. Quando você menos espera, o tempo passou e nenhum sonho seu se realizou. Tudo continua como sempre.

Então, o que devemos fazer?

É preciso estabelecer uma meta, um objetivo na vida, e o prazo para a realização desse propósito, direcionando a mente para as metas traçadas, e não ficar mudando os seus planos constantemente, como no caso do motorista citado anteriormente.

Vamos conhecer agora o mecanismo da mente humana que direciona para a felicidade ou para a infelicidade; para a saúde ou para doença; para a riqueza ou para a pobreza?

Em primeiro lugar, analisaremos a nossa mente em relação ao pensamento que tivemos no dia de hoje. Qual foi o seu pensamento ao acordar, ao tomar café, ao dirigir ou ao tomar condução coletiva? Preocupação com o serviço? Com os pagamentos? Fila no banco? Insatisfação com a refeição? Nervosismo?

Pergunto: qual seria o resultante desses pensamentos? Aonde você quer chegar? O que você pretende na vida? Acredita-se que, com esses pensamentos embaralhados, você não chegará a lugar algum, amanhã será igual à hoje e assim progressivamente. O resultado será um caos, com correria, raiva, medo, preocupação, doença, trabalho, insatisfação, briga com a mulher etc. Assim os dias e os anos passarão sem nenhuma realização. É isso que você quer? Não? Então vamos mudar a partir deste momento.

A partir de agora, vamos adotar a técnica mais eficaz para melhorar a nossa vida, com a oração ou a repetição das frases abaixo:

1. Ao acordar, faremos a seguinte oração:

"Gratidão aos meus pais, à minha esposa e aos meus filhos e aos meus queridos ancestrais. Gratulação pelo Deus a orientação e a proteção dos meus familiares no dia de hoje."

2. Ao tomar café da manhã, deve gratular a quem preparou a sua refeição e alimente-se com profundo sentimento de gratulação, nunca reclamando, pois a alimentação é um ato solene de vivificar a nossa vida.

3. Ao sair da casa, repita as frases abaixo diversas vezes:

"Eu amo todas as pessoas, por isso todas as pessoas me amam. Hoje é o melhor dia da minha vida, e todos os dias, em todos os sentidos, a minha vida está cada vez melhor."

4. Durante o dia, repita as frases abaixo:

"Eu sou abençoado, sou feliz, sou saudável e sou protegido, por isso, sou amável com todas as pessoas."

5. À noite, antes de se deitar, sente se no cantinho da cama e faça a oração do item 1.

A situação acima é apenas um exemplo, podendo mudar como você quiser, lembre-se, porém, de nunca fazer oração de mendicância, isto é, apenas pedir. Saberia me dizer qual seria o resultante na sua vida com essas práticas que ensinei? Com certeza absoluta, amanhã será mais feliz do que hoje; e esse ano será mais feliz e saudável do que o ano que passou, e assim por diante.

Dois dos fatores mais importantes na vida das pessoas são a felicidade e a saúde. Para tanto, é preciso não culpar as pessoas incondicionalmente. As mágoas, as raivas, os ódios e os nervosismos trazem consequências negativas inimagináveis. No próximo capítulo, a Sabedoria Oriental Milenar revelará a importância de exculpar a quem quer que seja com magnanimidade e muito amor no coração.

07

A IMPORTÂNCIA DE NÃO CULPAR NINGUÉM

Quem não perdoar jamais poderá ser feliz e saudável. Neste capítulo, será exposta a importância de perdoar, de forma bem simples, para que não haja qualquer dúvida.

O ato de "perdoar" aparenta ser um gesto louvável, entretanto, para a surpresa de muitos, saiba que, na verdade, você está poupando a si próprio. Sabe por quê? Digamos que Maria tenha ficado com muita raiva de João devido à ofensa que ele fez a ela. Entretanto, por mais que Maria fique com muita raiva, João não saberá da raiva dela contra ele.

Nesse caso, quem sofrerá é Maria, sujeita a contrair doenças no estômago, no fígado, no coração e em outras partes do corpo, com justificativas de que está com a razão em odiar João. É importante questionar-se se vale a pena odiar alguém em troca de colocar a sua saúde em risco. Claro que não! Portanto, nunca deixe a raiva e o ódio instalarem-se na sua mente.

Assim, concluímos que a raiva, o ódio e o nervosismo são os maiores inimigos da sua vida. É o mesmo que atirar com arma de fogo; primeiro queima o próprio cartucho, para depois atingir o alvo.

Resumindo, o maior prejudicado é sempre a própria pessoa, que se baseou nas suas "razões" para ficar nervosa e com raiva, afetando a sua saúde.

Não vale a pena prejudicar a sua saúde só porque alguém é ruim com você.

Saiba que a sua vida não pertence unicamente a você, portanto, é preciso exculpar as pessoas incondicionalmente, para o seu próprio bem e também para o bem de todos os seus familiares que precisam de você.

O problema de ficar nervoso (90% das doenças são causadas por nervosismos) é que não só causa inúmeras doenças como também atrai desgraças à sua vida, assim como atrai espíritos maléficos que estão com raiva, os quais desejam se juntar a você para estimulá-lo ainda mais na sua ira, a tal ponto de fazê-lo perder a razão.

É assim também quando uma pessoa consome muito álcool. Ela atrai espíritos bêbados, a fim de beber através da pessoa que estiver bebendo.

A preguiça é um atrativo para espíritos preguiçosos, que surgem para deixá-lo com mais preguiça ainda.

Caso você sinta dor e fique com medo de adquirir alguma doença incurável, vários espíritos que morreram dessas mesmas enfermidades virão até você para aumentar ainda mais os seus medos, até você contrair tais doenças.

Os espíritos doentes se apossarão das pessoas que frequentam o médico constantemente, ou dominarão alguém de sua família, para que a leve ao médico.

A pessoa que brigar sempre na justiça também atrairá espíritos briguentos, o que provocará constantes atritos na justiça.

Para você que não acredita nos espíritos, afirmo que todas as pessoas, sem exceção, recebem influências espirituais, positivas ou negativas, em toda a sua vida. Assim sendo, ninguém poderá ser feliz sem conhecer os mistérios do mundo espiritual, os quais influenciarão tanto para o bem quanto para o mal, principalmente causando diversas doenças incuráveis para a medicina tradicional, assim como infinitas desgraças.

Creio que chegamos à conclusão de que perdoar às pessoas é o mesmo que proteger não apenas a sua saúde e a sua felicidade, mas também a de todos os seus familiares, pois você é a pessoa mais importante na sua família.

Algo fundamental na vida de alguém é saber desculpar qualquer pessoa que o agredir com ofensas verbais ou físicas o mais rápido possível e não permanecer remoendo, questionando ou justificando as suas razões para ficar nervoso.

O nervosismo é o estado extremo de falta de controle, o qual causa doença, a infelicidade, o mal-estar e a desarmonia, a doença do filho, o acidente; assim como atrai espírito malévolo, envolve-se em calamidade e, enfim, assemelha-se com tudo o que é negativo.

Assim, é de suma importância controlar ou até mesmo eliminar por completo o nervosismo de sua vida.

Para eliminá-lo, é muito simples, basta repetir a frase a seguir, diversas vezes ao dia, até recuperar o seu estado normal de serenidade.

"Eu amo você e nos tornamos amigos para sempre."

Após essa prática, avalie o motivo que causou o conflito, imparcialmente, e procure, com muito empenho, não repetir mais tais atos, para evitar novos confrontos e, acima de tudo, para a sua própria proteção, evitando possíveis agressões. Lembre-se da lei da ação e reação: jamais haverá uma reação sem uma ação, sempre haverá uma causa que resulte em determinado efeito.

Em primeiro lugar, é preciso que se tenha muito amor no coração e também muita sabedoria para se relacionar com as pessoas.

Caros leitores, preciso da sua ajuda, para divulgar este livro da Sabedoria oriental Milenar em todos os cantos do mundo, a fim de que grande número de pessoas sejam felizes e saudáveis.

08

ACREDITE SOMENTE NA EXISTÊNCIA DO BEM

Quando se ouve uma colocação agressiva ou algumas ocorrências não agradáveis, quase todas as pessoas se ofendem e ficam muito bravas, culpando os seus ofensores, rotulando-os de serem indelicados ou ofensivos, concluindo ser sua a razão de estar ofendido por ter sido destratado.

Um ser humano "estourado", que se ofende por qualquer coisa, por achar que está com a razão, dificilmente será feliz e muito menos saudável.

O fato de sempre achar que está com a razão demonstra que a pessoa possui características extremamente autocentradas, sendo o tipo de pessoa que não percebe o outro lado da moeda, além de não pautar seus pensamentos e suas ações no amor.

Na verdade, para ser feliz é necessário conhecer e praticar uma série de regras que regem as nossas vidas, pois a felicidade verdadeira não se conquista com a aplicação de certos estratagemas e artimanhas.

Os maiores e os piores inimigos dos homens são o nervosismo, a ruindade, a malevolência e a crueldade, causadores de inúmeras doenças gravíssimas, além de angústias, gerando desequilíbrio nos meios em que vivem.

Tais pessoas demostram total ausência de amor e desconhecem que, para cada ato de nervosismo ou maldade, haverá consequências desastrosas na sua vida.

A missão dos homens aqui na Terra é exatamente eliminar esses valores negativos e colocar o amor em seu lugar aprimorando esse nobre sentimento a cada dia, a cada passo, para que possamos ser chamados de seres humanos; para isso existem as regras da natureza, que disciplinam as condutas dos homens na face da Terra.

Todos os atos que não estiverem em conformidade com o bem (bondade) estão errados, portanto, nunca proceda de qualquer forma que não seja do bem, para não acumular o carma negativo (débito), por menor que seja, muitas vezes, a sua intenção de querer "dar o troco" com o sentimento de punição, vingança ou represália.

A vida de uma pessoa é igual a uma poupança no banco, em que você pode retirar o dinheiro (débito) ou colocá-lo lá (crédito).

Todos os atos de bondade, acompanhados de amor, são como crédito. Portanto, o melhor a fazermos é acumular os bons atos a cada momento, praticando o bem em todas as situações, principalmente com os seus familiares, com muito amor no coração e com total respeito.

Desrespeitar, enganar ou agredir qualquer pessoa que seja, seria um ato de extrema gravidade, como se fosse uma grande retirada de dinheiro (débito) da sua conta (vida), assim como também o seria qualquer que fosse o ato de maldade, vingança, malevolência, arrogância ou mesmo a falta de afinco ao trabalho.

Infelizmente, existem pessoas que fazem uso desses valores negativos com muita sagacidade e oportunismo, principalmente com os próprios familiares, com pequenos atos de desacato, agressão, ofensa, bronca ou reclamação, sempre crendo estar com a razão; sem sequer saber que a maioria das doenças é proveniente do relacionamento familiar equivocado.

Quase todas as pessoas se relacionam com os familiares sem respeito algum, talvez pensando que os seus parentes são de propriedade sua ou subordinados seus, muitas vezes dando broncas sem nenhum receio ou respeito, com total ausência de amor.

Essas pessoas que na sua casa são ditadoras e autoritárias, mas fora de casa tornam-se amigos de todo mundo, têm alguma coisa errada, não têm?

Em primeiro lugar, devemos nos relacionar formalmente (com respeito e educação) com todos os nossos familiares, para depois estendermos esses relacionamentos formais e amistosos a todas as pessoas com quem tivermos contato.

Acredite que cada ato, cada palavra que machuque o sentimento da pessoa, por menor que seja, é como se fosse a retirada (débito) de dinheiro da sua conta bancária.

Como está o seu saldo "bancário" da vida? No dia de hoje, quantas vezes retirou o dinheiro (debitou) com atos negativos contra as pessoas? E quantas vezes você depositou o dinheiro (creditou) com atos de bondade e amor?

Não fez nenhum depósito e só retirou dinheiro? Cuidado! Aconselho-o a fazer um depósito agora, imediatamente, para que o banco não feche a sua conta por estar negativo, com excesso de retiradas de dinheiro (débito).

Você sabe o porquê de o banco fechar a conta? No caso alegórico, o banco em questão seria "este mundo no qual vivem os homens". Fechar a conta, portanto, é fechar as portas deste mundo. Isso significa que, quando acabar o seu crédito, muitas coisas extremamente negativas poderão acontecer na sua vida.

Você pode não acreditar nas colocações acima, elas são, porém, regras da Natureza, que regem a vida de todos os seres humanos.

Colecionar atos benevolentes (crédito), além de ser requisito fundamental para se viver feliz e saudável, é atribuição (missão ou obrigação) de todos nós, seres humanos.

É muito fácil efetuar o depósito diariamente (aumentar o crédito); basta decidir ser uma pessoa muito legal com todas as outras, a partir de agora, principalmente com os próprios familiares.

Na verdade, todas as pessoas possuem a perfeição e o amor em sua natureza, bastando apenas exteriorizar esse "eu" de origem perfeita.

Todos nós temos o direito de sermos felizes e saudáveis, porém é preciso conhecer as verdades da Sabedoria Oriental Milenar e fazer com que essas recomendações se incorporem à sua personalidade e ao seu modo de viver de agora em diante.

Já sabemos como aumentar o crédito na vida, entretanto é de nosso conhecimento também que nem todas as pessoas sabem como aumentar o próprio crédito, já que a grande maioria vive constantemente praticando atos negativos (debitando), sem saber a gravidade dos seus atos. Para tanto, devemos fazer duas coisas:

1. Como um ato de amor, e também para aumentar o crédito na vida, divulguemos este livro para grande quantidade de pessoas, a fim de proporcionar a felicidades a essas pessoas, com o intuito de sermos também felizes.
2. Para que possamos enfrentar e sobreviver às pessoas que vivem praticando atos de maldade, e também para não sermos influenciados a praticar atos de débito, precisamos saber que o mal não existe e acredite somente na existencia do bem.

Em primeiro lugar, nunca analise se você está com a razão ou não. Nesse caso, a razão não tem utilidade alguma! Aliás, serve apenas para atiçar ainda mais o conflito.

Para todo e qualquer acontecimento ou fato, há sempre os dois lados da moeda: o lado bom e o mau; o positivo e o negativo.

É de sua opção escolher o prisma sob o qual quer ver as coisas. Na verdade, por se tratar das regras da vida, que são imperativas, devemos ver as coisas pelo seu lado bom, e nunca pelo lado mau.

Em uma época em que eu trabalhava em uma empresa multinacional, fui mandado embora, ou seja, demitido, juntamente com mais cinco colegas. Todos os meus companheiros demitidos saíram falando mal da empresa, com muita mágoa. Eu mesmo fiquei abismado, pois era muito dedicado, a tal ponto de levar o serviço para casa; isso ocorreu há muitos anos, e nessa época eu ainda era muito jovem, porém já conhecia um pouco do segredo da Sabedoria Oriental Milenar.

Imediatamente, ao receber a notícia da minha demissão, comecei a falar milhares de vezes comigo mesmo que saía para algo melhor. Uma semana depois da minha saída, eu já estava trabalhando em outra empresa multinacional.

Após muitos anos, constatei que a minha saída daquela empresa da qual fui demitido alavancou a minha carreira profissional. Fiquei sabendo que os colegas que saíram junto ficaram mais de dois anos sem conseguir emprego e outros que permaneceram no mesmo emprego nunca foram promovidos.

Mesmo um acontecimento aparentemente muito negativo, quando visto sob o ângulo positivo, trará resultado surpreendente. Portanto, acreditemos sempre na existência do bem.

Não deixe a sua mente ser afetada com pequenas fofocas, intrigas e ofensas; saiba que todos os acontecimentos são projetados pela providência divina, mesmo aqueles causadores de grande dor ou sofrimento.

É necessário, acima de tudo, termos a consciência de que é nossa obrigação ajudar e salvar a pessoa que vive com desvios de comportamento.

A partir de agora, diante de qualquer que seja o acontecimento, de qualquer que seja o fato e de qualquer que seja a situação, acreditemos somente na existência do bem, não perdendo mais tempo procurando razão para justificar a raiva.

Não deixe de ler imediatamente a próxima parte, "O Maior Segredo da Vida", na qual você aprenderá a aplicar esse conhecimento no seu dia a dia, colhendo os resultados de imediato. De maneira muito simples, o próximo capítulo apresenta a essência do segredo para solucionar diversos problemas, como as doenças, as brigas e evitar acidentes de carro.

2
O MAIOR SEGREDO DA VIDA

09

SAÚDE, PERFEIÇÃO E AMPARO

A Sabedoria Oriental Milenar revela o maior segredo de todos os tempos para se viver com plena felicidade, o qual certamente o salvará de quase todas as doenças, solucionando os problemas de desarmonia, bem como protegendo-o contra quaisquer acidentes, inclusive o de trânsito.

Ele seria a solução para todas as doenças se não fosse a existência de outras causas, como as influências espirituais e causas cármicas das vidas passadas, as quais originam as doenças de difícil cura pela medicina.

Para esses casos, há outras formas de cura, por meio da "cura metafísica". Entretanto, há muitas situações sem solução, dependendo da gravidade dos atos de malevolência praticados nas vidas passadas e das vinganças dos espíritos que foram prejudicados.

Em qualquer tipo de doença, devemos também considerar o estágio no qual se encontra tal enfermidade. Dependendo da fase em que se encontra, há a necessidade de intervenção cirúrgica. Nesse caso, a pessoa deve procurar imediatamente um médico e não ficar insistindo em certos métodos que não surtam **resultados imediatos**.

1. Quando estiver brigando, com raiva ou magoado, repita a seguinte frase até serenar a mente:

"Amor no coração. Amor no pensamento. Amor nas palavras."

2. Quando sentir dor ou mal-estar, repita a frase abaixo até restabelecer a normalidade:

"Mundo perfeito! Vida perfeita! Corpo perfeito!"

3. Se surgirem problemas graves, repita a próxima frase até se sentir tranquilo e seguro:

"Mundo perfeito! Mundo perfeito! Mundo perfeito!"** ou **"Este caso será resolvido por ordem de Deus."

4. Ao ficar preocupado em perder o emprego, repita a frase até se sentir seguro:

***"Emprego abençoado! Emprego abençoado!"** (Com sentimento de gratulação.)*

Se você, mesmo com essa prática, perder o emprego, acredite que está saindo para algo melhor.

Para não se envolver em acidentes de carro, ao entrar em seu veículo, faça a oração abaixo e dirija com amor, respeito e educação, dando prioridade aos outros, principalmente aos pedestres; não corra, não encoste à traseira do carro da frente, não tente passar na frente dos outros carros, não queira levar vantagens, não brigue, nunca fique nervoso, dê a passagem a quem esteja tentando entrar na via preferencial.

Assim procedendo, e com a oração seguinte, você nunca se envolverá em um acidente, por não sintonizar com a briga, com o choque e com o atrito.

> *"Com muito amor no coração e com profunda gratulação, congratulo a proteção e a orientação divina durante todo o percurso, até o destino."*

Caso alguém não acredite, basta seguir a instrução acima e tirar a sua conclusão. Desejo que todos vocês, leitores, levem muito a sério a prática deste capítulo, que foi simplificada para uma fácil e melhor compreensão, e que possam praticá-la a fim de receber a proteção divina.

Os próximos capítulos da Sabedoria Oriental Milenar abordarão os assuntos específicos da felicidade. Consolide a sua felicidade lendo-os de imediato.

3
FELICIDADE

10

VIVA COM AMOR NO CORAÇÃO

Em nosso mundo, todos os acontecimentos são o resultado espelhado de nossos pensamentos. Portanto, tudo em que acreditar e pensar se manifestará na sua vida.

O pensamento equivocado de querer ser feliz por achar que não é feliz, resulta em uma vida infeliz, devido à premissa de acreditar nessa infelicidade.

Seguindo o raciocínio acima, os pensamentos negativos atraem coisas e acontecimentos negativos, enquanto os positivos atraem para si somente coisas e acontecimentos positivos. Por essa razão, quanto mais crítica for a situação, mais devemos pensar positivamente, crendo que tudo melhorará.

Para tanto, utilize o poder de autossugestão até convencer o seu subconsciente, com a repetição da frase abaixo:

> *"Todos os dias, em todos os sentidos, estou cada vez mais feliz e saudável."*

Na verdade, alcançar a felicidade requer uma infinidade de conhecimentos e práticas diárias, mas para sentir a felicidade de imediato comece louvando as pessoas e as faça felizes com o uso do seu amor e do seu carinho.

Nunca devemos magoar alguém e muito menos dirigir a qualquer pessoa palavras ásperas. Também não devemos escrever um e-mail enquanto estivermos nervosos, por mais que acreditemos estar com a razão, o que é sempre sinônimo de egocentrismo, servindo apenas para nos deixar nervosos, infelizes e doentes.

Quem possui um amor grandioso no coração não se ofende por pouca coisa, muito menos será capaz de ofender, gritar ou maltratar as pessoas em qualquer situação.

Precisamos ter pensamentos corretos e acreditar somente em coisas positivas e benéficas, com muito amor no coração, anulando totalmente os egoísmos e as malevolências da nossa mente.

Para lembrar sempre, tenha em mente a lei da ação e reação, que diz: "toda ação tem a sua reação correspondente". Digamos que você dê um soco na parede com a força de 50 kg, desse modo a reação no seu punho será o retorno do mesmo peso. Isso a física nos ensina; já na vida as coisas funcionam um pouco diferente.

Qualquer ato de malevolência acarretará em uma consequência multiplicada milhares de vezes, até conscientizar o errante de que agia de maneira errada, fazendo este decidir não repetir mais tais atos. Veja um exemplo a seguir.

Certa vez, um homem muito sagaz saiu de sua cidade, no interior de São Paulo, e foi até a capital hospedar-se por dois dias em um hotel. Na saída, ele fez uma série de reclamações e foi embora sem pagar. Ao chegar à sua cidade, envolveu-se em um acidente de carro e feriu-se gravemente, causando perda total em seu carro, que não possuía seguro. Infelizmente, essa pessoa não soube associar o acidente de carro ao calote que deu no hotel, perdendo, no fim, muito mais do que o valor que deixou de pagar.

É assim que funciona a vida. O pior de tudo é que esses fatos que causam prejuízos continuam acontecendo até a pessoa se conscientizar e deixar de causar prejuízos a quem quer que seja.

Alguns costumam dizer que "Aqui se faz, aqui se paga", porém, as coisas não são tão simples assim. Há inúmeras pessoas que fazem horrores na vida, e depois morrem de velhice, sem pagar pelo grande mal que causaram aos outros.

Aparentemente, não há justiça neste mundo, e os mais fortes e os mais espertos levam vantagens; por essa razão, vemos muita corrupção, muitos roubos e muitos crimes em todas as camadas sociais, em vez do cultivo de sentimentos solidários em auxílio ao próximo.

Como já citei, existem regras de causas e consequências que regulam as vidas de todas as pessoas, com consequências correspondentes aos seus atos nesta vida, na vida após a morte e também nas próximas encarnações, gerando débitos e sofrimentos inimagináveis.

Quem busca a felicidade deve estar pronto para mudar a fim de consegui-la. Continuar sem realizar esforços, não buscando conhecimentos e mudanças, jamais lhe trará felicidade.

É preciso conhecer o segredo da vida da Sabedoria Oriental Milenar para que possamos viver com plena felicidade.

Há uma regra permanente e inviolável da Natureza que regula a "atração dos elementos ou fatos semelháveis". Esta regra determina a atração das coisas iguais aos pensamentos e sentimentos, portanto, o seu estado atual, seja de felicidade ou de infelicidade, de riqueza ou de pobreza, de sucesso ou de insucesso, de saúde ou de doença etc., é o resultado do pensamento e do sentimento diário de até então.

Conhecendo esse importante segredo da Sabedoria Oriental Milenar e aplicando-o corretamente, você será um eterno felizardo e, acima de tudo, um verdadeiro vencedor na vida, podendo desfrutar o melhor da vida com muita saúde e harmonia e também contar com a proteção da regra do Universo contra eventuais infelicidades.

A maioria das pessoas desconhece o poder de gratulação. O sentimento profundo de gratidão proporciona o ápice da felicidade, assim como a solução para diversas enfermidades tidas como incuráveis pela medicina tradicional. É mentira? Claro que não! Quem leu até este capítulo sabe que é verdade.

Vamos conhecer, no próximo capítulo, um pouco mais sobre essa veracidade da Sabedoria Oriental Milenar para nos tornarmos seres "livres", como dizia Jesus.

11

VIVA COM SENTIMENTO DE GRATULAÇÃO

Uma das práticas mais simples e eficazes para se atingir a felicidade é o ato de gratular a todas as coisas e a todas as pessoas.

Vamos experimentar agora? Não? Pretende começar amanhã ou depois de acabar de ler este livro? Acredita não ter motivo para gratulação? Ora, saiba que na nossa vida o amanhã não existe, o que existe é, sim, apenas o agora.

Nunca espere que a vontade venha até você. É você que deve criá-la, com muito esforço, se necessário.

O motivo de gratular também é o mesmo; você deve mudar a sua mente para criar um sentimento de gratulação. Sabe como? Basta convencer a sua mente. Veja um exemplo.

Uma vez eu tinha de ir a um determinado lugar para comprar um aparelho, porém, estava acomodado com a rotina, sentado na cadeira do escritório e com preguiça de mudar o dia a dia, assim, achei uma desculpa para não sair: estava chovendo.

No dia seguinte, fazia muito calor. Outra desculpa para não sair. No terceiro dia, choveu novamente, e eu senti um alívio por não precisar sair naquele temporal. Nesse momento, percebi que procurava uma desculpa para encobrir a minha preguiça. Logo, comecei a sugerir à minha mente, repetindo diversas vezes a frase:

"O melhor dia para sair de carro é o de chuva, principalmente por ser mais fácil de estacionar o veículo."

Assim, superei a minha preguiça em alguns minutos. Desde então, não tenho mais dia ruim, pois todo dia é o mais adequado para mim, inclusive passei a fazer a oração abaixo, toda manhã:

"Hoje é o melhor dia da minha vida e acontecerá um milagre incrível! Sou saudável, sou feliz, sou protegido e sou abençoado. Congratulo profundamente por este dia esplêndido."

Faça você também essa oração e seja feliz. A maioria das pessoas a quem dei essa oração a faz por um pequeno período, deixando-a de lado porque nada mudou e continua tudo normal.

Saiba que é justamente por essas condições normais que devemos gratular diariamente, pois, após acontecer algo negativo, seria tarde demais.

Muitas pessoas me perguntam:

– *Regozijar por quê? Não tenho nada com que me contentar, pois todos os dias são iguais e tudo é normal.*

Ser grato por ter recebido um presente ou um elogio não faz parte dessa gratulação ao qual estou me referindo. A prática de gratulação não requer motivos ou acontecimentos especiais. Basta reconhecermos tudo aquilo que acreditamos ser normal.

Assim deve ser a prática de gratulação, pois vimos que motivos não faltam. Você acha que tudo isso que possui é normal? Claro que não! Há muita gente que sequer tem uma casa para morar e muito menos alimentação adequada; muitas doenças; há também quem não tenha as pernas para andar ou os olhos para enxergar; inúmeras crianças passam fome, há muitos desempregados e assim por diante.

Atualmente, a grande maioria das pessoas vive muito melhor do que qualquer pessoa que viveu no passado. O problema é que as pessoas estão "chorando de barriga cheia". Vivem reclamando, brigando, insatisfeitas, e se julgam infelizes, sem perceberem que vivem no paraíso.

Pensemos um pouco nas pessoas que foram vítimas de tsunamis, tornados, guerras, enchentes, bombas atômicas ou doenças incuráveis. Isso o fará viver com um sentimento maior de gratulação, todos os dias?

Mesmo com toda essa demonstração de reconhecimento, saiba que ainda é muito pouco, e você está sendo ingrato! Não basta somente gratular, sendo necessário ajudar as pessoas, amá-las e fazê-las felizes. Salve as pessoas, seja útil a elas, e as sirva, com profundo sentimento de regozijo e amor. Não pense na sua felicidade, pense, em primeiro lugar, no bem-estar das pessoas próximas a você. A sua felicidade é a consequência da contribuição feita aos seus semelhantes.

Viver com sentimento de regozijo fará surgir mais e mais acontecimentos que o tornarão cada vez mais satisfeito. Da mesma forma, subsistir sempre nervoso resultará em acontecimentos que o deixarão cada vez mais nervoso. É assim que funciona a vida.

Trata-se de uma prática simples que poderá transformar o seu mundo, tornando-o repleto de felicidade, com uma sensação profunda de regozijo, a qual é um sentimento de amor verdadeiro, que lhe proporcionará saúde, harmonia e riqueza.

Você saberia me dizer quais são os fatores que determinam as vidas das pessoas? Não sabe? Não perca mais tempo. O próximo capítulo revelará mais desses segredos para que você possa redirecionar os pensamentos nos melhores objetivos, tornando-se um vencedor em todos os sentidos da sua vida.

12

A VIDA É O RESULTADO DOS PENSAMENTOS

Para ser feliz, é preciso saber que a vida é o resultado do pensamento diário que se passa na sua mente, seja ele positivo ou negativo. Portanto, é preciso direcionar o pensamento, sempre focando em determinado objetivo que pretende realizar, acreditando na sua concretização e aguardando com pensamento de gratulação e de expectativa positiva.

Preencha a sua mente com riqueza, felicidade, sucesso, e acredite, com muita emoção, que é uma alma abençoada, nunca permitindo que entrem em sua mente pensamentos sombrios e negativos.

Não deixe também que a sua mente vague livremente em pensamentos que não acrescentam nenhum valor positivo à sua vida. Não fale, pense, ouça e nem veja as coisas pelo lado negativo em momento algum da vida.

Veja um exemplo.

Conheci uma pessoa que visitava constantemente o pátio de carros batidos da Polícia Rodoviária. Dizia ele que fazia isso para não se esquecer dos acidentes a fim de dirigir com cuidado. Certa vez, ele se envolveu em um acidente e quase morreu. O medo do acidente e o carro amassado ficaram impregnados no seu subconsciente, até que um dia o acidente se concretizou.

Infelizmente, as novelas mostram cenas de brigas, gritarias, ameaças e ofensas, que influenciam as pessoas com valores extremamente negativos, causando desarmonias e até divórcios, destruindo famílias inteiras, causando sofrimentos inimagináveis a muitas famílias.

Ninguém poderá ser feliz com tais valores, que incitam a um total desrespeito com cônjuges e familiares. Saiba que o seu cônjuge é uma das pessoas mais importantes do mundo, assim como os seus filhos, os seus pais e os seus irmãos, sendo, portanto, crucial se relacionar com essas pessoas com muito amor e respeito.

Na sua casa, quando houver uma ventania com chuvas, você deve fechar as janelas imediatamente. O mesmo deve acontecer quando houver coisas que incentivem brigas na família. Feche as portas da sua visão e da sua audição para preservar a harmonia e a felicidade no seu lar.

Dizem que o peixe morre pela boca, mas ele não é o único. Na verdade, o ser humano possui, em sua essência, a inteligência e a perfeição em todos os sentidos da vida. Entretanto, as palavras proferidas com ausência de amor causam inúmeras desgraças e até doenças fatais.

Saiba que a maioria das enfermidades se origina no lar, portanto, é fundamental que na sua residência se usem somente palavras de amor e gratulação, jamais se fazendo uso de expressões que ofendam os familiares, como broncas ou reclamações ofensivas.

Certa vez, fiquei muito preocupado com uma pessoa obesa, e disse a ela para controlar a quantidade de comida, dando até dicas para que emagrecesse. Entretanto, o obeso me respondeu:

– Eu gosto de comer!

Eu, então, respondi imediatamente:

– Você não tem que gostar de comer, deve gostar de você! Ninguém poderá ser feliz e nem saudável com obesidade.

Vou deixar aqui uma pequena dica, muito simples, para emagrecer sem fazer regime e sem tomar remédios, resultado da minha experiência, com disciplina alimentar, orientado pelo médico:

1. Café da manhã: leite sem açúcar. Se quiser, coloque um pouco de café com uma ou duas fatias de pão integral com queijo fresco, um copo de suco de fruta ou um tipo de fruta;
2. Antes do almoço: uma fatia de pão integral e suco natural ou uma fruta;
3. Almoço: saladas – sal, azeite e vinagre em pequena quantidade –, pratos quentes com legumes, podendo comer de tudo, porém, em pequena quantidade – de preferência 50% de saladas e 50% de pratos quentes. Evitem carnes, frituras, gorduras, sal temperos fortes e limão, que acaba com o esmalte dos dentes.
4. Não tome refrigerante e nem água durante a refeição. *Há um provérbio oriental que diz que devemos comer até satisfazermos 80% da nossa fome, e não saciar os 100%;*
5. À tarde: torradas com suco natural ou uma fruta;
6. Jantar: siga a mesma instrução do almoço;
7. Antes de dormir: frutas.

Obs.: É um total de seis refeições por dia. Nunca deixe de almoçar ou jantar para fazer regime, passando fome.

Antes de iniciar a disciplina alimentar, deve-se estabelecer o seu peso padrão e acreditar nele. Caso creia que "sou gordo", o seu subconsciente o manterá sempre gordo.

Não há alimento que faça mal; o que é prejudicial é o excesso. Alimento não é remédio. Não coma "porcaria" a toda hora. Compre uma balança e controle o seu peso diariamente.

Não é simples emagrecer? Eu mesmo pesava 88 kg e, com disciplina alimentar, em pouco tempo passei a pesar 65 kg, sem passar fome em momento algum.

Uma das coisas mais importantes na vida da pessoa é não deixar que acontecimentos negativos entrem em sua mente, assim como não se deve pronunciar ou pensar em valores prejudiciais à sua vida. Veja a Sabedoria Oriental no próximo capítulo e se previna contra esse mal.

13

NÃO FALE, NÃO OUÇA, NÃO VEJA E NÃO PENSE EM COISAS NEGATIVAS

No ano de 1603, o senhor feudal Tokugawa Ieyassu tornou-se Shogun (autoridade máxima do reinado feudal) no Japão, onde construiu diversos templos em uma área próxima à cidade de Tóquio, denominada "NIKKO", hoje um dos locais mais visitados do país.

Nesse local, há muitos templos magníficos e perfeitamente conservados. Em um dos templos principais, na parte superior da entrada, está uma placa de bronze com as figuras de três macacos, gravadas em alto relevo, sendo que o primeiro animal está tampando a boca com as duas mãos, o segundo tampando os ouvidos e o terceiro tampando os olhos, enviando-nos a seguinte mensagem:

> *"Não fale, não ouça e não veja coisas negativas."*

Esse senhor feudal tornou-se o primeiro Shogun da família Tokugawa, a qual dominou o Japão por mais de dois séculos e meio.

Acrescente mais um item: "não pense". Logo, teremos:

> *"Não fale, não ouça, não veja e não pense em coisas negativas."*

Não fale mal dos outros, não critique, não chame a atenção, não grite, não ofenda, não conte vantagem, não se vanglorie, não dê bronca, não reclame, não lamente etc.

Não ouça sobre as doenças, as críticas, as fofocas, a crise, assim como as brigas, a criminalidade, as ofensas, as reclamações, os noticiários negativos e as desgraças dos outros.

Não veja cenas de brigas, o lado negativo das pessoas, as coisas negativas, os defeitos dos outros, as coisas imundas, as desgraças dos outros. Não veja as situações pelo lado negativo, enfim, não veja com maldade.

Não pense em coisas negativas, na crise, nas doenças, na maldade, na derrota, em gritar e em ofender, pois isso piorará tudo.

Este mundo é muito perfeito e maravilhoso; nada acontece por acaso, sendo tudo resultado do comportamento mental de cada um.

É como se estivéssemos rodeados de espelhos, em que todos os seus pensamentos, as suas atitudes e as suas crenças saem da sua mente e, ao se chocarem nos espelhos, retornam a você.

Veja estes exemplos:

- Se você amar as pessoas será amado por todos.
- Caso seja arrogante, será detestado por todos.
- Fique com raiva de alguém e a sua saúde será comprometida.
- Acredite na crise e a sua vida será afetada por ela.
- Se você acreditar que possui uma vida de sucesso e abundância, tudo isso será seu.
- Portanto, acredite, de agora em diante, que você nasceu para levar uma vida de sucesso, abundância, riqueza e êxito em tudo que empreenderá, para que, de fato, leve uma vida de plena felicidade.

- É preciso conhecer a Sabedoria Oriental Milenar e viver de acordo com ela. Repita diversas vezes por dia a frase abaixo:

> *"Sou feliz, sou abençoado, por isso amo todas as pessoas, e todas as pessoas me amam. Estou grato pelo sucesso, pela saúde, pela riqueza e pela felicidade que sempre acompanham os meus passos."*

No próximo capítulo, você receberá o segredo para abrir as portas da felicidade. Memorize-o bem, utilizando-o constantemente para abraçar a felicidade.

14

AME PARA SER FELIZ

Este é o maior segredo da felicidade, que não vem por si só; é preciso criar um ambiente que proporcione o seu cultivo.

Como devemos fazer?

É muito fácil. Basta decidir que a partir de agora o seu coração e a sua mente estarão impregnados de amor, eliminando por completo todos os sentimentos de egoísmo, ódio, raiva, nervosismo, críticas, arrogâncias, superioridade, poder.

Com amor no coração, na mente e nas palavras, regozija pelo sol, pela chuva, pelo frio, pelo calor, pelo emprego, pela empresa, pelos alimentos, e abençoe todas as pessoas que encontrar no seu caminho.

Com amor no coração, na mente e nas palavras, regozija ao seu cônjuge, ao seu pai, à sua mãe, aos seus filhos, aos seus criados, aos seus funcionários, ao seu patrão, aos seus colegas, aos seus parentes, enfim, congratule a todas as pessoas.

Com amor no coração, na mente e nas palavras, regozija pela natureza, pelos animais, pelas águas, pelos rios e pelas montanhas, sendo grato a todos os seres, animados e inanimados.

Com amor no coração, na mente e nas palavras, regozija pelos seus cabelos, pelos seus ouvidos, pelos seus olhos, pelo seu nariz, pela sua boca, pelos seus braços, pelas suas mãos, pelos seus pulmões, pelo seu coração, pelo seu estômago, pelo seu intestino e pelas suas pernas, sendo grato por todo o seu corpo perfeito e pela sua saúde.

Com amor no coração, na mente e nas palavras, regozija aos seus professores, aos seus governantes, aos policiais da cidade, aos Tribunais de Justiça, aos funcionários da Prefeitura, aos empresários, aos lojistas, aos comerciantes, seja grato a todas as organizações.

Com amor no coração, na mente e nas palavras, regozija aos cabeleireiros, aos vendedores, aos garçons, aos feirantes, aos trabalhadores, aos taxistas, enfim, a todas as pessoas e empresas prestadoras de serviços.

Com amor no coração, na mente e nas palavras, regozija aos advogados, aos contadores, aos despachantes, aos médicos, aos dentistas, aos eletricistas, aos mecânicos, aos engenheiros, aos enfermeiros, aos cozinheiros, enfim, a todos os profissionais.

Quem se lembra do tsunami que assolou as cidades japonesas em 2011, com água do mar que invadiu diversas cidades, atingindo cerca de 10 a 15 metros de altura, causando milhares de vítimas?

As pessoas que vivem onde não há tsunamis, terremotos ou tornados, precisam gratular muito. Saiba que o ato de gratificar é o sentimento de amor pleno, uma conexão com o amor Divino.

Viver com amor é o mesmo que viver sintonizado com o Criador. Ele se manifestará através de você; dessa forma, você será protegido em todos os sentidos, ficando livre de quaisquer doenças, desgraças, acidentes, pobrezas ou infelicidades.

Algumas pessoas acreditam que estão a salvo por crerem em Deus, porém, estão plenamente equivocadas, pois, para ser salvo e feliz, é preciso amar a todas as pessoas e a todas as coisas, do céu e da terra, para que realize a conexão com Deus.

Todos os seres humanos têm problemas, geralmente oriundos de brigas, desarmonias, ciúmes, acidentes, doenças e pobrezas. Há solução para tais problemas? Claro que sim! Veja o próximo capítulo e elimine todos os problemas, tornando-se uma pessoa muito feliz.

15

PARA SER FELIZ, ELIMINE OS PROBLEMAS

Os fatores que prejudicam a felicidade são problemas de toda natureza, principalmente as brigas, as desarmonias, o ciúme, os acidentes, as doenças, as pobrezas, as doenças dos filhos, os desempregos, as preocupações e as insatisfações.

Na verdade, solucionar todos os problemas que causam infelicidade requer um conhecimento profundo da Sabedoria Oriental Milenar, e viver de acordo com as informações contidas neste importante "manual" é o passo mais primordial rumo à conquista dos sentimentos mais sublimes.

Neste capítulo, será elucidada a solução do problema citado acima, conforme a Sabedoria Oriental Milenar, para que você se lembre do meio correto e prático de superar os obstáculos presentes em nossas vidas.

Elimine as brigas de sua vida

Existe um provérbio no Japão que diz: "*A briga é o deus da miséria e da desgraça*". Todos nós sabemos que as brigas causam desarmonias, separações de casais, revoltas, nervosismos, raivas, ódios, desânimos e até mesmo guerras.

Entretanto, muitas pessoas desconhecem que a maioria absoluta das doenças é causada pelas brigas.

Qualquer uma das partes que cultivar raiva, ódio, desânimo ou nervosismo tem como retorno doenças, como a pressão alta, o derrame ou até mesmo um tumor maligno, entre outras infinidades de doenças, sempre acompanhadas de muitas dores e sofrimentos.

Também poderá ser causa de acidentes de carro, tornando-se vítima de ação da natureza, atraindo diversas desgraças, e até espíritos malévolos. Além de todos esses males, ainda não podemos esquecer os familiares, presentes no mesmo barco.

Diante disso, cabe a pergunta: vale a pena brigar? Só por você crer estar com a razão? Saiba que essa razão que você acredita ter é muito relativa, portanto, ela não vale para nada.

O que vale é a sua saúde e a felicidade de todos os seus familiares, lembrando que se trata de uma questão de escolha. Sabendo disso, aconselho-o a nunca optar por uma briga, que com certeza resultará em doenças que causarão muitas dores e sofrimentos.

O mais importante na vida é a saúde, portanto, não devemos dar ênfase à razão, egoísta e unilateral, causadora de muitas desgraças e sofrimentos inimagináveis.

Popularmente dizemos que "estamos com a cabeça quente" quando nos encontramos nervosos. Cuidado, não fique com a cabeça quente por muito tempo, muito menos com dor de cabeça, pois isso poderá provocar derrame ou até o mal de Parkinson, doenças irreversíveis.

Na semana passada, uma das minhas funcionárias reclamou que estava com muita dor de cabeça. Perguntei se queria uma "dica" para curar a dor. Com a resposta afirmativa, falei para ela que a dor de cabeça era resultado da sua "cabeça quente", portanto, aconselhei-a a eliminar os pensamentos raivosos e as preocupações, repetindo centenas de vezes por dia: "amor no coração, amor no coração" até ficar com o sentimento de amor.

E disse ainda:

"O sentimento de amor é o sentimento divino, portanto, se permanecer com o mesmo sentimento de Deus, a sua dor de cabeça desaparecerá."

No dia seguinte, ela me agradeceu dizendo não mais estar com aquela dor terrível que a atormentou por muitos anos.

O importante é nunca ficarmos nervosos perante qualquer agressão ou ofensa. Jamais pensemos que estamos com a razão, pois assim prosseguiremos com a briga e ficaremos por longos dias remoendo a raiva.

Quando isso acontecer, procure colocar amor no coração, e perdoe à pessoa incondicionalmente, o quanto antes. Caso contrário, poderá refletir gravemente na sua saúde, o que não valeria a pena, pois tal situação poderá sujeitá-lo a contrair uma doença e a sofrer com a dor.

Um dos grandes mestres do Japão dizia que também ficava nervoso, entretanto, conseguia exculpar a pessoa ou o fato na mesma proporção de tempo em que se enervava.

Não ficar remoendo os fatos com razões unilaterais ou egoístas evita grande prejuízo a si próprio.

Jesus dizia para oferecermos a outra face, caso alguém batesse em nosso rosto. O Grande Mestre estava certo, realmente não vale a pena ficar nervoso só porque alguém bateu no seu rosto. O melhor e mais conveniente é oferecer a outra face, e não ficar nervoso, para não ter que sofrer com doenças oriundas de raivas e ressentimentos, como derrame, úlcera no estômago e outras enfermidades.

Priorize a harmonia no lar

Sem harmonia, não há felicidade, saúde e tampouco sucesso e profusão; além disso, a desarmonia atrai diversos tipos de desgraças, uma atrás da outra.

Saiba que a harmonia é requisito mínimo necessário para a sua saúde, a felicidade e a profusão. Portanto, estabeleça, em primeiro lugar, a harmonia na sua vida.

Como devemos agir? Com amor no coração. Use somente palavras de amor, respeito e carinho, principalmente com os seus familiares, e depois estenda esse sentimento elevado às pessoas com as quais você tem contato.

Para ser feliz, não se deve ter ciúmes

Tratamos aqui o ciúme no sentido passional, e não no sentido de inveja. Esse sentimento caracteriza uma pessoa possessiva, acompanhada de paixão e desconfiança. De todas as emoções maléficas, essa, sem dúvida, é uma das mais equivocadas e perigosas.

No relacionamento amoroso ou no casamento, não deve haver qualquer sentimento de posse. Ninguém é escravo de ninguém.

Nenhum ser humano tem o direito de ditar regras para o seu cônjuge ou para seu(sua) namorado(a). Alguns dizem que quem ama sente ciúme ou que quem não tem ciúme não ama. Essas pessoas estão, sem dúvida, equivocadas.

Sentimento possessivo ou desconfiança é uma postura antagônica ao amor, podendo-se dizer que se trata de uma paixão autocentrada, muito egoísta e possessiva, tornando o portador desse mal um ser impiedoso e intransigente.

Constantemente, vemos no noticiário crimes passionais. Enquanto eu escrevia este capítulo, foi publicado em todos os jornais e revistas um crime bárbaro:

> *"O criminoso que matou a sua companheira por ciúme, porque a amava muito. O que dizer diante de um delinquente que usa o amor para tentar legitimar a sua selvageria?"*

Amor é um termo sagrado cujo sinônimo é afeição, carinho, bem-estar do outro. Ciúme é o oposto do amor, não tendo relação alguma com um sentimento depurado.

Amor é perdão. É o sentimento de unidade entre eu e você; é uma das características mais marcantes de Deus, pois é a base central da busca pela felicidade. É vivendo em função do amor puro que a humanidade encontrará a verdadeira civilização.

Normalmente, a forma de relacionamento na maioria das famílias é a informalidade, com total ausência de respeito, amor, carinho, e, na maioria das vezes, com colocações feitas em forma de broncas, ofensas, chamadas constantes de atenção etc.

Em se tratando de relacionamento entre pessoas que não são da família, o trato passa a ser formal e até gentil. Há alguma coisa errada, não há?

Deu para entender que a maioria absoluta das doenças tem origem no lar? Quer ser feliz? Então comece a se relacionar com os familiares com mais respeito e amor e nunca use palavras agressivas ou que firam o sentimento das pessoas.

Proteção no acidente de trânsito

Na estrada, em direção à cidade de São Paulo, eu dirigia com certo sentimento de aversão a uma pessoa. Quando olhei para o espelho retrovisor, havia um enorme caminhão, quase encostado à traseira do meu veículo, a 100 km por hora. Fiquei extremamente preocupado e logo passei à pista do lado esquerdo, com velocidade de 120 km por hora, porém, logo em seguida, surgiu outro veículo de porte médio encostado à traseira do meu carro.

Imediatamente, passei para o lado direito e fiquei mais tranquilo, já com a velocidade menor, porém, logo em seguida, outro caminhão pesado encostou à minha traseira.

Para me ver livre desse caminhão, pisei fundo no acelerador, mas de nada adiantou, pois o caminhão acompanhou a minha velocidade.

Passei para a pista da direita, e em seguida outro carro encostou-se à minha traseira.

Nesse momento, percebi que estava com os meus sentimentos alterados, o que me obrigou a imediatamente repetir as palavras de gratulação, até criar um forte sentimento de amor no coração.

Após cinco minutos de oração, não havia mais nenhum veículo encostando-se à traseira do meu carro, até eu chegar à capital.

Assim, cheguei ao meu destino com muita tranquilidade. Se eu não tivesse mudado o meu sentimento de raiva, certamente estaria envolvido em um acidente trágico.

Se você é ferido ou se alguém bate no seu carro certamente é um aviso, portanto, faça imediatamente uma autoanálise sobre seus sentimentos.

Se houver mágoa ou raiva de alguém, elimine imediatamente e substitua tais sentimentos rancorosos por amor no coração, para não se envolver em acidentes trágicos.

Havendo sentimento de aversão, mesmo que este esteja alojado no fundo do seu subconsciente, fatalmente a negatividade atrairá outros motoristas com os mesmos sentimentos, podendo causar acidentes, conforme as regras da natureza que nos ensina: "atração dos elementos ou fatos semelháveis".

Outro fator muito importante, também causador de acidentes nas estradas, é a sua conduta na direção.

Se o motorista é audacioso, maldoso e egoísta, daquele tipo que não deixa ninguém entrar na sua frente, anda colado no veículo à frente para pressioná-lo a dar passagem, quer passar na frente de todo mundo, ou xinga as pessoas com palavras de baixo calão, não poderá reclamar se sofrer algum acidente, pois apenas colherá o resultado de suas próprias ações.

A Sabedoria Oriental Milenar deseja lembrar você, motorista, que dirija com muito amor, para que você viaje sempre tranquilo, com sentimentos positivos no coração e com sorriso no rosto, facilitando a ultrapassagem de outros veículos na estrada, assim como favorecendo o veículo que esteja tentando entrar na via preferencial.

Também não o aconselho a andar colado no veículo da frente, não tente ultrapassagens forçadas, porque ninguém é mais do que ninguém para passar na frente dos outros, e, se você é motorista de caminhão, ônibus ou se seu carro é maior do que o dos outros, dê a preferência total com a sua gentileza, assim, além de sentir-se feliz, será protegido e abençoada pela regra do Universo.

Se você, condutor, quer andar lentamente, tudo bem, a opção é sua. Entretanto, ande na pista do lado direito e não fique na faixa do meio, tampouco na pista do lado esquerdo.

Eu sei que você também está pagando IPVA e também o pedágio. Mas, pelo amor de Deus, não atrapalhe os outros motoristas.

Diz o ditado popular que "aqui se faz, aqui se paga"; ou seja, a maldade que se faz na estrada se paga na estrada.

Aconselho a você ter muito amor com os outros, assim todos terão amor com você, o qual será protegido, junto com a sua família, contra acidentes.

Viva feliz e sem doenças

Você acha impossível viver sem contrair uma doença? Qualquer pessoa poderá adoecer algum dia? A doença é algo satânico que pega qualquer pessoa, a qualquer momento, sem motivo?

Por ser um assunto extremamente importante, citarei novamente o diálogo abaixo:

Certa vez, um discípulo do Sakiyamuni (Buda) perguntou ao Mestre:

– Mestre, por que existem tantas pessoas sofrendo de doenças e pobrezas?

O Mestre respondeu com apenas uma palavra:

– Ignorância.

Caro leitor, você concorda com a resposta do Mestre Sakiyamuni? Não? Então responda:

– Por que existem tantas pessoas que não conhecem a matemática?

A sua resposta não é a mesma do Mestre? A doença e a pobreza são diferentes? Vamos ver o que diz a Sabedoria Oriental Milenar.

O homem, em sua essência, possui a perfeição em todos os sentidos: a saúde, a inteligência infinita e o amor autêntico.

A doença NÃO foi criada por Deus, portanto, ela não possui existência original.

Qualquer fenômeno ou coisas que mudam constantemente não podem ser tachados como algo que exista verdadeiramente.

As doenças são reflexos de um comportamento mental errôneo, sendo a maioria absoluta delas consequência da mente em desvio.

A mente em conflito, carregada de raiva, ódio, nervosismo, medo, preocupação, agressividade, pode perder-se em um descontrole emocional, provocando inúmeras doenças.

No estado de nervosismo, o corpo produz diversos tipos de enzimas venenosas no sangue e nos órgãos internos, formando pedras nos rins, ulceração, tumores malignos e até mesmo o rompimento de microveias do cérebro, causando mal de Parkinson, derrames, coagulação sanguínea, destruição de vários órgãos internos e de elementos que lubrificam as juntas, ocasionando inflamações, fazendo com que vários órgãos internos deixem de funcionar (vesículas, fígados, estômago etc.).

Da mesma forma que a mente em conflito cria um estado de anomalia em seu corpo, a mesma mente em harmonia e irradiada de amor poderá curar qualquer doença causada por desvios mentais de comportamento, transformando tumores malignos em benignos, expelindo as pedras nos rins, restabelecendo o funcionamento de vários órgãos internos; com exceção de doenças já consumidas e irreversíveis.

Existem também doenças de causas cármicas, ativadas por dívidas criadas em vidas passadas; enfermidades causadas por influências espirituais; por pensamentos coletivos e doenças transmissíveis. Deixarei de abordar essas doenças neste livro por serem extremamente complexas e extensas (veja outros livros de minha autoria).

É de suma importância manter o sentimento de gratulação e amor no coração, para poder viver de maneira equilibrada e feliz. Assim sendo, as doenças de causas acima citadas jamais afetarão a sua saúde.

Diga não à pobreza

Não há felicidade e nem dignidade se a pessoa for muito pobre. Não fique acomodado, e muito menos pense em justificar a sua pobreza culpando a sua família, o governo, a situação econômica do país, a má sorte ou a falta de oportunidade.

Você nasceu para viver com riqueza e dignidade, porém, saiba que a riqueza não é somente o dinheiro. Ter muito dinheiro e não possuir saúde é o mesmo que ser pobre. Da mesma forma, ter muita saúde e quase nada de dinheiro é sinônimo de pobreza.

Mesmo sendo muito rico e saudável e estando sujeito a ser vítima de acidentes ou desgraças, a riqueza e a saúde não valem para nada. Portanto, a riqueza é um conjunto de valores positivos que agregam para a sua vida ser mais feliz, saudável, harmoniosa, próspera e protegida.

O Mestre Sakiyamuni (Buda) respondeu ao discípulo que a pobreza é a "ignorância". Um escritor americano diz que a pobreza é uma "doença". Certas pessoas dizem que a pobreza é culpa do governo. Outros culpam a conjuntura econômica do país, os empresários e até Deus.

Caro leitor, qual é a resposta correta? Por que a pobreza é ignorância? Por que pobreza é doença? Quem são os verdadeiros culpados?

Na verdade, as respostas do Mestre Sakiyamuni e do escritor americano estão corretas. Não conhecer os enigmas da mente, que norteiam os passos do homem para a riqueza ou para a pobreza, e deixar a mente direcionada para a pobreza, por falta de conhecimento, seria ignorância sobre os enigmas da mente.

Na essência de todo ser, em seu estado normal, há uma tendência natural à riqueza. No entanto, viver no estado oposto certamente estaria fora do normal, ou seja, em estado de doença.

Saiba que você possui todas as ferramentas necessárias para ficar rico, em todos os aspectos, dependendo unicamente de você saber utilizar as faculdades que possui, aliando os conhecimentos dos enigmas da mente à prática.

Seja próspero para ser feliz. Leia o livro *Você também pode ser rico e saudável com a Sabedoria Oriental Milenar.*

Causas das doenças dos filhos

Um dos requisitos essenciais para ser feliz é ter os filhos saudáveis, que jamais adoecerão em nenhum momento. Não há jeito? É impossível? Claro que não! Basta conhecer algumas dicas da Sabedoria Oriental Milenar, como veremos a seguir.

Todos os filhos menores recebem influências diretas dos pais, isto é, desde a concepção até a fase adolescente, dependendo de cada caso.

Portanto, as doenças dos filhos são reflexo dos estados mentais e espirituais dos pais, como as brigas, nervosismo, ódios etc., com exceção de algumas doenças de nascença que possuem outras causas.

Nas famílias nas quais os pais vivem amando e respeitando as pessoas, com amor no coração, os filhos crescerão perfeitamente saudáveis e jamais adoecerão. Veja também o livro *Filhos educados e felizes com a Sabedoria Oriental Milenar.*

Você fica muito preocupado? Tem alguma preocupação grave? Infelizmente, todos nós ficamos aflitos, mas devemos nos atentar às regras de "resultantes das causas", que diz que esses aborrecimentos trarão consequências à sua vida. Conheça mais esse enigma da vida e elimine as preocupações por completo, substituindo-as por objetivos grandiosos.

16

CUIDADO COM AS PREOCUPAÇÕES

A maioria das pessoas desconhece a existência da lei de ação e reação, que tem como principal função concretizar os pensamentos na vida real.

Se você conhecê-la e aplicá-la corretamente, realizará todos os desejos na sua vida, atingindo metas fundamentais, como a felicidade, a saúde e o sucesso.

Não seguindo essas regras, muitas consequências negativas surgirão como frutos prejudiciais ao seu futuro. Portanto, memorize a existência desta indubitável realidade: o seu pensamento, seja ele bom ou ruim, se concretizará, algum dia, na sua vida.

É preciso saber condicionar as suas ideias somente para os fatos positivos, disciplinando o pequeno "eu viçoso", para que o resultado do seu pensamento direcione a sua vida para melhor, em todos os sentidos.

Lembre-se de que, caso você não consiga controlar a sua mente, não conseguirá controlar nada na sua vida, sendo, portanto, controlado pelas diversas informações vindas de fora. Isso poderá ser perigoso para você.

Se você não controlar a sua mente, as situações alheias controlarão a sua vida, fazendo-o sujeitar-se a fatos mundanos, normalmente negativos.

Esses pensamentos da mente são divididos em duas partes: a primeira é a mente consciente, que possui o papel muito importante de selecionar os fatos, entre milhares de informações que você recebe diariamente.

A segunda parte é a sua mente subconsciente, que apenas concretiza as ideias vindas da mente consciente, sem avaliar e sem questionar, apenas materializando o pensamento, concretizando-o na vida real, como a terra que faz germinar a semente que foi plantada adequadamente, sem questionar o tipo ou a qualidade dela.

Fiscalize permanentemente a sua mente, a fim de não deixá-la ser invadida pelos sentimentos de preocupação, raiva, maldade, medo e qualquer outra emoção negativa, para que não se manifestem em sua vida fatos indesejáveis.

Todos os pensamentos se concretizarão na sua vida real, portanto, aceite em seu interior somente sentimentos de felicidade, de saúde, de alegria, enfim, pensamentos positivos que você gostaria que se realizassem na sua vida.

As preocupações, além de não resolverem nenhum de nossos problemas, se materializarão na sua vida exatamente na forma em que você idealizou na sua mente.

Ninguém ficou rico pensando na pobreza.

Os "pensamentos" aos quais me refiro são as ideias em que você acredita realmente. Se desejar ser feliz, automaticamente a sua mente interpretará que se você quer ser feliz, logo julga-se infeliz. Nesse caso, você será cada vez mais infeliz, sendo jogado dentro de uma bola de neve da infelicidade.

A forma correta de pensar é acreditar que é muito feliz, com intensa e real emoção, mesmo que esteja atravessando um momento de certa instabilidade, até o ponto de convencer o seu subconsciente de que é realmente feliz. Depois, deixe por conta do subconsciente, que tornará a sua vida repleta de felicidade.

Uma das formas mais eficientes de convencer o seu subconsciente é usar a técnica de autossugestão, repetindo, continuamente, a frase de que é feliz, com muita emoção, centenas de vezes ao dia, até que a sua vida seja preenchida de plena felicidade. As palavras pronunciadas sem sentimento ou sem emoção não surtirão efeito.

É preciso aprender a eliminar da sua mente todos os pensamentos negativos e indesejáveis, fazendo uma profunda reflexão sobre os pensamentos cultivados pela sua mente.

Nunca pense em quaisquer tipos de desgraças que poderão acontecer e jamais imagine coisas que poderão prejudicar a sua vida.

Para ser feliz, é preciso saber que tudo que sai da sua mente retorna com uma intensidade ainda maior, pois tudo o que acontece na sua vida é apenas uma colheita das sementes (pensamentos) que você mesmo plantou. Portanto plantemos somente pensamentos positivos.

Saiba que amaldiçoar quem quer que seja é um ato equivocado, pois sabemos que tudo o que se faz para prejudicar o próximo volta para o agressor, com a força de uma avalanche, acrescidas de muitos fatos negativos.

Além do mais, não deve julgar as pessoas nem ficar com raiva delas baseado no seu conceito ou na sua razão. Não culpe ninguém, de maneira sincera e com amor no coração.

Por outro lado, se optar por amar e respeitar as pessoas sem exceção, com o coração irradiado de amor fraternal e verdadeiro, as vibrações do Universo protegerão você e a sua família em todos os sentidos.

Dessa forma, você será o protagonista da sua vida, o senhor do seu destino, com autoridade para direcionar a sua mente rumo à felicidade e à saúde.

As recomendações fundamentadas na Sabedoria Oriental Milenar poderão mudar a sua vida, conduzindo-o à plena felicidade. Acompanhe-os no próximo capítulo.

17

VIVA SEMPRE ALEGRE

Há dois ditados orientais que dizem: "A alegria atrai a felicidade" e "O rosto tristonho leva ferroada de abelha".

A alegria é um estado mental que atrai mais alegria, da mesma forma que a tristeza atrai mais tristeza. Assim, o mesmo vale para o estado mental de pobreza.

Essa é a lei que rege a humanidade, inalterável e permanente.

Não seria um absurdo uma pessoa que não gosta de abobrinha plantar a semente de abobrinha? Mesmo parecendo incoerente, grande parte das pessoas vive plantando sementes de coisas indesejáveis na própria vida, justamente por não saber que o seu pensamento é o mesmo que uma semente plantada na terra, a qual um dia germinará e produzirá o fruto correspondente.

Para sermos felizes é preciso que os nossos pensamentos estejam direcionados para a alegria e a felicidade, mesmo que no momento vivamos uma situação delicada.

É preciso fiscalizar permanentemente a nossa mente, para não permanecermos com pensamentos prejudiciais à nossa vida e à nossa saúde.

Da mesma forma, caso fiquemos com muita raiva de alguém, fatalmente prejudicaremos, também, a nossa saúde, ocasionando a nós mesmos diversas doenças, afetando o nosso estômago, o coração, o fígado, a pressão alta, podendo até causar derrames e muitas outras doenças nocivas ao nosso corpo físico.

O nosso estado mental resultará no produto correspondente ao nosso pensamento, já que ele é regido pela regra da natureza incontestável e permanente de Ação e reação.

É necessário disciplinarmos e selecionarmos pensamentos que passam pela nossa mente. Devemos fechar as portas aos pensamentos negativos e indesejáveis, assim como não podemos permitir que os valores negativos, como a raiva, o ódio, o medo ou a crueldade, entrem na nossa mente.

É necessário substituirmos todos os pensamentos negativos por pensamentos positivos que acrescentarão valores elevados à nossa vida.

Substitua nervosismo por amor, exculpando incondicionalmente todas as pessoas que o magoaram no passado.

Para que possamos reverter os pensamentos indesejáveis para positivos, devemos usar a técnica de autossugestão, formando frases positivas e repetindo-as centenas de vezes ao dia, até que a felicidade bata à sua porta.

Do mesmo modo, para eliminar nervosismo ou a maldade do coração, em primeiro lugar, deve-se direcionar o olhar somente aos pontos positivos de tudo o que acontecer em nossa vida e, usando a técnica de autossugestão, repetir várias vezes ao dia as palavras de regozijo até que seu coração esteja repleto de amor e humildade.

Onde há sentimento de gratulação, automaticamente haverá sentimento de amor, construindo, assim, uma conexão direta e sublime com o Criador.

Não haverá felicidade e nem saúde verdadeira de graça; é necessário se esforçar para aplicar o método da Sabedoria Oriental Milenar na sua vida, a fim de conquistar a felicidade e a saúde.

Há muitos anos, eu e meu amigo andávamos na rua de uma pequena cidade do interior para almoçar em um restaurante que ficava em um local um pouco distante. Em certo momento, parei o meu amigo e disse a ele:

– Veja à sua frente. Não é fantástico?!

O meu amigo respondeu:

– O que é fantástico? Não estou vendo nada de fantástico!

Então, retruquei:

– Como não? Veja aquela árvore coberta de flores! Não é fantástico?!

Meu amigo concordou comigo e finalizou:

– Eu passo sempre aqui e nunca reparei nesta maravilha de árvore coberta de flores!

A maioria das pessoas é assim, vive cercada de coisas fantásticas e não percebe que convive em meio a milhares de coisas maravilhosas, preferindo reclamar, brigar, lamentar e, como consequência, acaba adoecendo.

Saiba que ficar doente é coisa de luxo. Eu mesmo não tenho tempo e nem dinheiro para tirar as férias sofridas e caríssimas em um hospital. Prefiro me hospedar em um Hotel Fazenda, a me internar no melhor hospital de São Paulo.

Pare um minuto e reflita sobre as colocações abaixo:

- Há milhões de pessoas passando fome;
- Há milhões de pessoas sofrendo e morrendo de doenças;
- Há milhões de pessoas que não enxergam;
- Há milhões de pessoas que não têm carro;

- Há milhões de pessoas que não têm emprego;
- Há milhares de pessoas que perderam tudo em tsunamis, tornados e outras catástrofes;
- Há milhões de pessoas que não têm casa para morar;
- Antibiótico, anestesia e vacinas não existiam nos tempos de nossos ancestrais.

Pensando bem, é incoerente reclamar. Ao contrário, precisamos regozijar muito pela condição privilegiada em que vivemos.

Vamos seguir em frente, de agora em diante, sempre com pensamentos positivos e alegres, para que possamos atrair somente fatos positivos e felizes, de acordo com a Sabedoria Oriental Milenar.

Em suma, você colhe somente o que plantou. Vamos plantar um semente de amor, divulgando este livro para proporcionar a felicidade e saúde para grande números de pessoas?

18

PLANTE A SEMENTE DA FELICIDADE

Popularmente, dizem que "cada um colhe o que plantou". Vamos analisar esse provérbio, fundamental em nossas vidas.

Imaginemos que plantamos uma semente de abobrinha na terra em condições apropriadas; com certo tempo, a semente germinará, crescerá e produzirá esse alimento, que será uma abobrinha, jamais um tomate ou qualquer outro fruto.

Na mesma terra, se plantarmos uma semente de pepino, após algum tempo, a semente germinará e crescerá, produzindo o pepino.

A terra nunca discriminará a semente a tal ponto de produzir um quiabo na semente de pepino, ou uma berinjela na semente da abobrinha, mesmo que alguém ache que a berinjela é mais saborosa do que a abobrinha.

Se quiser uma berinjela, plante a semente da berinjela. Seria um absurdo uma pessoa que não gosta de beterraba plantar a semente de beterraba e esperar que produza cebola.

Grande parte das pessoas planta a semente de quiabo e espera colher o tomate, e, quando percebe que produz quiabo, fica frustrada, achando que não tem sorte, atribuindo a culpa à fatalidade, ao destino, ao azar, ou responsabilizando alguém pela situação em que vive.

Alegoricamente, a semente aqui citada corresponde ao nosso pensamento, que tem a qualidade de avaliar, escolher e analisar a semente que julgar mais apropriada ao plantio. Resumindo, o seu pensamento é a semente, portanto, fique atento a esse detalhe.

A partir de agora, usarei o termo "mente consciente" (semente, pensamento).

Já a terra, também citada metaforicamente, corresponde à "mente subconsciente".

Dessa forma, a terra (subconsciente) tem a função de germinar, crescer e produzir o fruto da semente, sem escolher, avaliar ou analisar o seu tipo ou espécie.

A mente subconsciente também tem as mesmas funções, pois não escolhe e nem avalia o tipo de pensamento, apenas o materializa fielmente, de acordo com aquilo que veio oriundo da mente consciente, independentemente de o resultado ser prejudicial ou não à vida daquele que produziu as ideias.

Todos os pensamentos (a mente consciente), fortes e principalmente acompanhados de emoção, serão gravados na mente subconsciente (terra), que com o tempo germinará e produzirá o fruto correspondente, ou seja, será a materialização do pensamento.

Esse fato ou fenômeno incontestável e inviolável é controlado pela regra de causa e efeito que resulta em consequência correspondente.

Há um provérbio que diz que "Querer é poder". Isso não é verdade. Veja o exemplo abaixo:

"Eu quero ser feliz!" ou "Eu quero ser saudável".

Você nunca será feliz ou saudável com esse tipo de pensamento. Por quê? Nessa afirmação, sempre há a premissa de que você é infeliz e doentio, pensamentos esses, que o farão acreditar em tal situação sem margem de dúvida, o qual se tornará realidade.

Certa vez, após uma palestra, uma senhora me disse:

– Sempre desejei ser feliz, mas estou cada vez mais infeliz e com milhares de problemas.

Perguntei, então, a ela:

– A senhora deseja ser feliz porque é infeliz, não é mesmo?

– Sim, é lógico, se fosse feliz, não desejaria ser feliz. Não sou louca...

– A senhora está acreditando que é infeliz, por isso se torna a cada dia mais infeliz. É preciso acreditar que a senhora é muito feliz, caso contrário jamais o será.

Ela me respondeu:

– Como vou acreditar que sou feliz se não sou feliz? A minha vida é cheia de brigas, além de sofrimentos e doenças. Falta-me tudo! Como vou acreditar que sou feliz? Só se eu for uma louca ou débil mental!

– Não! A senhora não precisa ser louca ou uma débil mental. A senhora está plantando a semente de infelicidade e esperando colher a felicidade. É preciso semear a felicidade para colher a felicidade. A partir de agora, repita a frase que lhe direi, muitas vezes ao dia, e nunca pense na doença e nem em outras desgraças, ok?

Com a concordância dela, passei a frase abaixo:

– "Eu sou uma pessoa abençoada e feliz, todos os dias e em todos os sentidos, estou cada vez mais feliz." Repita, com amor no coração, inúmeras vezes ao dia e à noite. E, se se sentir bem, repita no dia seguinte também, e assim sucessivamente.

Após muito tempo, quando voltei novamente àquele local para outra palestra, essa senhora me contou que estava muito bem de vida e muito feliz, agradecendo-me emocionada.

Queridos leitores, ambiciono que grandes números de pessoas sejam felizes lendo este livro. Para tanto é de suma importância contar com o poder, a influência e a amizade dos leitores para divulgar este livro para mais pessoas. Assim, você estaria plantando a semente de amor que certamente proporcionará muitas felicidades. Que Deus abençoe.

A vida é assim: tudo em que você acredita se manifestará e se realizará. Veja o mais rápido possível o próximo capítulo, extremamente importante para consolidar a sua felicidade.

19

O MAL NÃO EXISTE DE FATO

Os leitores devem ter estranhado o título aparentemente absurdo e ilógico, devido à existência de milhares de adversidades, desgraças, acidentes, calamidades, maldições, tragédias, infortúnios, doenças, crimes, dores etc.

Se eu disser a você que todos esses males são como a escuridão da noite, que eles não existem de fato, sendo apenas falta da claridade, caro leitor, você acreditaria? Não?

Na verdade, todas essas adversidades são como ficar com os olhos fechados e reclamar de que está tudo escuro. Sendo assim, basta abrir os olhos para sair das trevas.

Experimente fechar os olhos que tudo ficará escuro; depois, abra-os. Para onde foi a escuridão? Sumiu? Não. A escuridão não foi a nenhum lugar e nem sumiu. Simplesmente a escuridão voltou ao seu estado original de nada (inexistência).

Assim são todos os males; parecem existir de fato, mas na verdade não existem, pois não têm a existência original, sendo apenas resultados de uma ilusão, pela falta da claridade do conhecimento da Sabedoria Oriental Milenar.

Certa vez, disse a um colega que a doença é um estado ilusório que muda constantemente, portanto, não tem existência verdadeira.

Ele ficou muito bravo e me disse:

– Como é que a doença inexiste? Tem tanta gente morrendo de doenças e os hospitais estão lotados de doentes, como você explica isso? É um absurdo afirmar que a doença inexiste.

E não quis mais a conversa.

Sabemos que a natureza original de todos os seres humanos é perfeita, isenta de quaisquer imperfeições e livre de infelicidades, calamidades e acidentes.

Mas por que existem tantas doenças e desgraças em nosso mundo?

Para entender essa questão, é preciso saber da existência de dois mundos:

O mundo perfeito, da origem divina, e o mundo de fenomenalidade (material).

Mundo perfeito

É o mundo da criação divina, onde tudo é perfeito e estruturado pelo amor celestial. Nesse mundo, inexiste qualquer tipo de imperfeição, acidente, doença, criminalidade ou qualquer outra desgraça.

Viver nesse mundo não é muito simples, pois requer posturas mentais que sintonizem perfeitamente com a estrutura de amor sublime que paira sobre o local.

Sintonizar com a estrutura de amor do mundo perfeito significa viver em conformidade com as energias que predominam nesse local, ou seja, é preciso que você viva impregnado de amor no seu coração, na sua mente, no uso das palavras, no seu sentimento, nos seus gestos e nas suas atitudes, eliminando por completo a ira, o ódio, as brigas, a maldade e a crueldade, sentimentos causadores de todas as doenças, acidentes e desgraças.

Para viver nesse mundo perfeito, isento de doenças e infortúnios, lembre-se de que não há nada de graça, sendo preciso pagar o preço, que é eliminar da sua mente e do seu coração todas as emoções negativas, para poder viver plenamente envolvido de amor, direcionando-o a todas as pessoas.

A Sabedoria Milenar Oriental deseja que todos os leitores vivam neste mundo perfeito da origem divina, praticando a partir de agora a citação abaixo, centenas de vezes ao dia; com muita seriedade, acompanhada de emoção e sentimento de gratulação.

– Estou grato a todas as pessoas e aos acontecimentos que proporcionam a minha felicidade.

– Mundo perfeito, mundo perfeito, mundo perfeito...

– Amor no coração, amor no coração, amor no coração...

Com essa prática simples poderá viver em um mundo perfeito, onde não existe nenhum tipo de doença, criminalidade, acidente, sofrimento, injustiça, desgraça, carência, calamidade ou brigas.

Quando repetimos as frases acima, diversas vezes por dia, criamos o sentimento de gratulação, amor e perfeição que é a mesma essência de amor, constituindo-se a reciprocidade (sintonização) com o mundo perfeito, ou seja, esse mundo sublime se manifestará na sua vida e, quando tal fenômeno ocorrer, tudo será perfeito e não acontecerá nenhuma desestabilização em relação à sua origem perfeita, proporcionando-lhe total proteção e felicidade.

Mundo material imperfeito

É o mundo material no qual vivemos, onde ocorre projeção mental (fatos materiais). Nesse mundo, ocorrem somente fatos resultantes dos pensamentos coletivos das pessoas (efeito de determinado pensamento).

Todas as condutas e pensamentos coletivos de até então resultarão em consequências correspondentes, como uma semente (causa) que caiu no solo, e, após muitos anos reunindo todos os elementos necessários para germinar, brotará e crescerá, produzindo os frutos (efeitos); constituindo assim o mundo em que vivemos (mundo material).

Muitas vezes, quando alguém pratica atos ilícitos ou pensamentos negativos, há a possibilidade de não haver consequências imediatas, porém, isso não significa estar livre das suas consequências. Algum dia, em algum momento propício, as correções chegarão (consequências), reguladas pelas regras inalteráveis e incontestáveis que regem o universo.

As consequências de uma determinada causa poderão vir das mais variadas formas, e nunca alguém explicará a causa que levou a determinado resultante. As consequências sempre surgirão na forma de doenças, acidentes, sofrimentos, calamidades etc.

Li, em um dos panfletos que recebi na rua, a seguinte mensagem: "As consequências de uma determinada causa, sem saber o porquê, não teriam valor nenhum, assim como não contribuem, em nada, para reabilitação do indivíduo". Fiquei abismado com essa colocação feita por uma propaganda religiosa.

É de conhecimento de todos que qualquer pessoa, mesmo que não seja devota, conhece frases, como "Dá e receberá", "Não julgue para que não seja julgado"; sabendo que o desvio de comportamento acima (causa) trará as suas consequências correspondentes, goste ou não, aceite ou não. Tal regra é incontestável e permanente, e rege a vida de todos nós. Todos os detentos estão cientes dos seus atos delituosos que os levaram à prisão, porém nem todos se reabilitam.

É importante saber que as consequências de uma determinada causa não acontecem somente às pessoas; há, também, consequências dos atos desumanos cometidos por países, etnias, famílias, grupos, ancestrais, povos, cidades e organizações religiosas.

Mesmo em nome de guerra, os países que cometerem atos de desumanidades ou barbáries arcarão com as consequências desastrosas no futuro, por longos anos. Nada aqui no planeta acontece ao acaso, sem motivo aparente. Tudo é resultado de uma determinada causa.

As doenças e todas as desgraças são consequências de atos maléficos dos homens. Por essa razão, o mal não passa de uma consequência dos atos cometidos pelos homens, não se tratando de algo incontestável e inalterável de criação divina.

A escolha do modo de viver (livre-arbítrio) aqui na terra é opcional, porém, agora que você conhece os fatos geradores das infelicidades, doenças e desgraças, tem atribuição de, agora em diante, viver no mundo perfeito, regozijando por todas as coisas e pessoas existentes no mundo todo, exculpando com sinceridade as pessoas, incondicionalmente e com amor no coração, para viver imune de qualquer desgraça, sofrimento e infelicidade.

A maioria das pessoas acredita na existência de doenças, mas, na verdade, a enfermidade não possui existência de fato. Você acha absurda essa afirmação? Atualmente, existe um aparelho que projeta uma imagem tridimensional no espaço. Há algum tempo, era impossível projetar tal imagem. Vamos conhecer mais esse segredo da verdade que envolve a vida, para que o Mestre Sakiyamuni não diga que é "ignorância" não acreditar.

4
SAÚDE

20

AS DOENÇAS NÃO EXISTEM DE FATO

Neste capítulo, abordaremos as doenças e as suas causas, para que você, leitor, alcance a imunidade contra qualquer tipo de doença.

Vamos relembrar novamente a pergunta feita pelo discípulo ao Mestre Sakiyamuni (Buda)

> *– Mestre, por que existem tantas doenças, pobrezas e desgraças neste mundo?*
>
> *O Mestre respondeu com apenas uma palavra:*
>
> *– Ignorância!*

Caro leitor, essa pergunta foi feita há mais de 2600 anos. Por que, até os dias de hoje, milhões de pessoas continuam sendo vítimas de doenças, pobreza e desgraças, mesmo nos países onde predomina o budismo?

Será que a resposta do Mestre era mentira e ninguém acatou? Ou não entenderam a resposta, não inferindo disso o porquê de a ignorância causar tantas desgraças e sofrimentos?

Jesus dizia, há mais de 2 mil anos: "Conhecereis a verdade e a verdade vós tornará livres" (João, 8:31-32). Por que, ainda hoje, milhões de pessoas continuam doentes e morrendo de doenças, desgraças e acidentes, mesmo nos países onde predomina o cristianismo?

Você saberia responder?

O que seria essa verdade que torna as pessoas livres? Será que tal afirmação de Jesus era falsa e ninguém a aceitou? Ou não entenderam o significado da palavra *verdade*? Afinal de contas, o que é essa verdade?

Todos os livros da Sabedoria Oriental Milenar de minha autoria tratam de uma sabedoria de origem milenar, fundamentada nas mesmas "verdades" citadas por Jesus e Sakiyamuni (Buda); porém, não se trata de religião, psicologia e tampouco de uma doutrina filosófica ou religiosa.

Essas verdades já foram divulgadas inúmeras vezes pelos monges, sacerdotes e pelas diversas religiões. Entretanto, por que, até nos dias de hoje, existem milhões de pessoas sofrendo de variadas mazelas, encontrando-se longe de se verem livres?

Podemos concluir que a maioria das pessoas não entendeu ou desconhece essa "verdade", que as tornará livres de todas as desgraças, principalmente das doenças que foram adotadas pelos homens como males inevitáveis da vida.

Infelizmente, em todos esses longos séculos de pregações das verdades, um grande equívoco foi cometido: o de permanecer no campo da informação e do estudo, ou seja, apenas no campo da teoria.

A maioria das pessoas acredita que o conhecimento é a maior fonte de sabedoria e poder, porém, estão equivocadas. O conhecimento é um conjunto de teorias que, sozinho, nada produz, principalmente em relação à saúde, à riqueza e à felicidade, e que muito menos o "tornará livre". Portanto, a teoria é uma potencialidade, que poderá tornar-se poder por meio da sua transformação em ações práticas.

Um conhecido dito popular diz: "O pregador, ao morrer, vai para o inferno e os ouvintes vão para o céu".

Isso significa que o pregador é o teórico que apenas transmite o conhecimento com eloquência, porém, é do tipo "faça o que eu falo, mas não faça o que eu faço". Os ouvintes que ouvem com atenção e colocam em prática colhem o resultado.

A "verdade" da Sabedoria Oriental Milenar diz que a maioria das doenças provém de "corações malévolos", ocasionando: derrame, problemas cardíacos, úlceras no estômago, pressão alta, Parkinson, pedras nos rins, reumatismo, tumor maligno e outras doenças. Além disso, atrairão inúmeros problemas, como perda de emprego, acidentes, brigas, desquites etc.

Para ficarmos imunes desses infortúnios, basta eliminarmos totalmente a maldade e colocar, em seu lugar, o amor no coração, exculpando e amando todas as pessoas incondicionalmente.

A "verdade" citada acima é um conhecimento, uma teoria, portanto, não basta você saber dessa verdade. Mesmo que acredite, não haverá nenhuma imunidade contra as desgraças, caso não coloque as recomendações em prática e mude o seu coração radicalmente, substituindo a maldade por amor fraternal.

É como dizem na psicologia:

– Você entendeu?

– Sim, perfeitamente.

– Você mudou?

– Não. Não mudei.

– Então você não entendeu nada!

Você pode ter conhecimento profundo nas operações de compra e venda de papéis e opções na Bolsa, porém, jamais poderá ganhar dinheiro somente com conhecimentos teóricos. É preciso aplicar um bom dinheiro na Bolsa e pôr os conhecimentos em prática nessas transações para obter um real ganho de capital.

Mesmo com conhecimentos especializados (teoria), você poderá obter somente um pequeno retorno. Em muitos casos, o retorno é zero, principalmente quando falamos da Teologia (doutrina divina), pois, mesmo que determinado membro conheça profundamente a verdade ou ocupe altos cargos na organização religiosa, enquanto estiver na zona de conforto da teoria, nada irá diferi-lo das pessoas comuns.

As doutrinas divinas não são totalmente assimiladas apenas com a leitura de livros (exceto o conhecimento teórico), elas devem ser vivenciadas na prática, evitando, assim, a permanência no casulo da teoria e do conforto.

Antigamente, os monges budistas e jesuítas saíam pelo mundo afora, sem dinheiro e sem nada, a fim de salvar as pessoas com os seus conhecimentos teóricos adquiridos. Os monges budistas viviam da mendicância e muitas vezes dormiam no mato, passando fome e frio; eram rejeitados, sujeitavam-se a sofrimentos inimagináveis em suas peregrinações, a fim de aplicarem os seus conhecimentos teóricos e adquirirem convicções inabaláveis.

Uma pequena historinha

Certo Monge, durante a sua peregrinação, bateu à porta de uma residência muito rica para praticar a mendicância. Um homem bem-vestido, aparentemente o proprietário da casa, vendo o monge maltrapilho, falou:

– Não tenho nada a dar para um vagabundo como você!

O monge ainda insistiu:

– Por favor, estou há dois dias sem comer, o senhor poderia me dar um prato de comida?

O homem ficou muito irritado, chamou o criado e o mandou bater no monge, com socos e pontapés, para nunca mais aparecer na sua casa.

O monge afastou-se da residência e, depois que o homem fechou a porta, virou de frente para a casa, fez duas reverências e com as palmas justapostas orou a Buda, para abençoar aquele pobre de espírito, a fim de que ele fosse feliz, tornando-se rico também de coração. Fez mais uma reverência e afastou-se da casa.

Um vizinho que presenciou todo o acontecimento chamou o monge e ofereceu a casa, a comida, um banho e até uma nova roupa, atendendo-o como se fosse uma pessoa muito importante, com toda a gentileza. Esse Monge tornou-se a maior autoridade do Templo Matriz do "Shogun" (Rei).

Para que essas verdades possam gerar resultados é preciso que seja colocado em prática tudo o que aprender na teoria (conhecimento) até se tornar a sua personalidade, e o seu modo de viver.

A Sabedoria Oriental Milenar diz que se deve eliminar a maldade do coração. Mesmo que você tenha entendido e até concordado com essa colocação, se continuar com o nervosismo e com o ódio em seu coração, permanecerá no nível de conhecimento teórico e, evidentemente, não haverá nenhuma mudança na sua vida, tampouco poderá beneficiar-se dessa verdade, que o tornará livre de doenças e de outras desgraças.

Já aprendemos que é preciso viver com amor no coração, perdoando as pessoas e amando-as incondicionalmente, demonstrando amor em todos os seus gestos, em suas palavras e condutas, para com todas as pessoas.

A doença não existe de fato por não se tratar de produto da criação divina, portanto, a doença é o produto da criação da própria mente das pessoas. Assim sendo, qualquer doença poderá desaparecer se houver (dependendo do estágio da doença) a mudança do caráter maligno para coração benigno e fraternal.

Ninguém quer morrer muito cedo, não é mesmo? Por isso, no próximo capítulo, trataremos da longevidade. As doenças são os principais fatores causadores de mortes prematuras. Leia o quanto antes possível o próximo capítulo, para eliminar as causas que impedem a longevidade.

21

O SEGREDO DA LONGEVIDADE

A Sabedoria Oriental Milenar revela o segredo de longevidade para que você, leitor, tenha uma vida longa e com qualidade, livre de qualquer doença. É impossível? Claro que não! Basta conhecer os meios aqui colocados e viver em conformidade com eles, muito fáceis e agradáveis de praticar.

Muitas pessoas estão equivocadas quanto à maneira de agir em busca da longevidade, preocupando-se com o tipo de comida ou escolhendo o tipo de alimento, alegando que esse faz mal, que aquele faz bem, como se o alimento fosse um remédio, esquecendo-se da frase de Jesus para não nos preocuparmos com o que nos alimenta. Na verdade, devemos, sim, nos preocupar com as palavras que saem da nossa boca. Todos os alimentos são, na verdade, dádivas de Deus, portanto, não há comida que faça mal.

Outras pessoas atribuem a vida longa ao condicionamento físico, à alimentação, aos exercícios, à caminhada, à ginastica, à musculação, aos tratamentos contra o envelhecimento etc. Se esses fossem os caminhos da longevidade, todos os atletas e praticantes de esportes viveriam mais de cem anos.

A forma balanceada de alimentação assim como a eliminação de gorduras e os exercícios físicos fazem parte da vida saudável, porém, não são fatores determinantes da longevidade.

Tenho conhecimento de vários caboclos e caiçaras que viveram mais de cem anos consumindo farinha de milho, batata-doce, mandioca e tomando água do lago, banhando-se somente com a água da chuva. Além do mais, não havia conhecimentos de medicina, hospitais e muito menos de antibióticos.

Os especialistas em longevidade, nos quais a maioria das pessoas acredita, são unânimes em afirmar que os segredos baseiam-se em: consumir alimentos frescos, beber muita água, fazer caminhadas regulares, comer nozes, exercícios físicos, ter uma boa vida sexual, praticar yoga, cuidar da higiene pessoal, tomar ar fresco e luz solar, descansar, temperar alimentos com alho, meditar, aceitar a vida como ela é, ter uma profissão agradável, controlar a pressão arterial, fazer check-up com frequência etc.

Peço desculpas às pessoas que acreditam nos fatores materiais acima citados para se alcançar a longevidade, mas informo que estão equivocadas. Os alimentos não são remédios, condicionamento físico nada tem a ver com longevidade, check-up frequente para descobrir doença incurável e depois receber a sentença de morte não resolverá o problema da longevidade. Nem sempre é possível resolver a pressão alta com o controle por meio de remédio.

Certa vez, quando visitei a minha mãe, ela se queixou de pressão alta, dizendo que não conseguia baixá-la, mesmo tomando diversos tipos de remédios.

Falei para ela que a pressão alta é como uma panela de pressão e perguntei:

– O que é preciso para abaixar a pressão da panela?

Ela me disse:

– É preciso esfriá-la.

– Exatamente. A senhora precisa esfriar a cabeça, esculpar a pessoa de quem tem raiva e repetir diversas vezes que já lhe perdoou e que a ama muito.

Em poucas horas, a pressão dela se normalizou, deixando-a muito contente.

Segundo dados da Organização Mundial de Saúde (OMS), nos países desenvolvidos, há mais mortes por doenças cardíacas, derrames, infecções, cânceres, diabetes etc.

É evidente ser importante ter qualidade de vida no sentido de bem-estar material, com acesso a toda a mordomia de poder escolher os alimentos para consumir, frequentar ótima academia, escolher o serviço que mais nos agrada, possuir um ótimo convênio médico, fazer muitos amigos e viver uma vida de rei. Nada mal. Quem não gostaria?

Todas as pessoas têm acesso a esse luxo que diz garantir a longevidade? Claro que não! Todos sabem que não, mas, por falta de orientação correta, muitas pessoas, na esperança de conseguir atingir a longevidade, tentam de tudo, porém, acabam desistindo por não sentirem os resultados.

Lembro que em certa ocasião saiu um boato de que o chá feito de casca de ipê roxo curava o câncer. Imagina o que aconteceu? Quase acabaram com o ipê roxo!

Também há algum tempo, saiu outro boato de que, tomando a primeira urina do dia, você teria mais saúde e longevidade.

Não vou dar risada, mas confesso que sinto muita pena dessa gente. Já saíram tantos boatos que os leitores devem certamente conhecer muitas pessoas que ficaram em dúvida se realmente tais boatos eram verdadeiros ou não; por exemplo, do cogumelo do sol que diz curar o câncer.

Atualmente, fala-se muito em tomar grande quantidade de água por dia. Eu conheço algumas pessoas que tomam tanta água que um dia morrerão afogadas.

Agora veremos as dicas da Sabedoria Oriental Milenar, para longevidade.

Estando resoluto a conhecer o segredo da longevidade da Sabedoria Oriental Milenar e decidido a viver em conformidade com seus maravilhosos e agradáveis recomendações, vamos prosseguir a leitura.

Caso duvide ou não pretenda seguir as dicas aqui mencionadas, não haverá de prosseguir a leitura, já que ler as próximas páginas apenas por curiosidade não servirá para nada. Possuir tal conhecimento e não vivenciá-lo na prática não surtirá nenhum resultado positivo.

Normalmente, as causas das mortes que impedem a longevidade são causadas pelas seguintes doenças, conforme dados de 2011 da OMS:

1. Cardiopatia: 17.000.000 pessoas morreram em 2011.
2. Infarto
3. Pneumonia
4. Doença pulmonar
5. Diarreia
6. HIV
7. Câncer
8. Diabetes
9. Acidentes de trânsito: 1.300.000 pessoas morreram em 2011.
10. Nascimento prematuro

Com exceção da morte por nascimento prematuro, todas as outras doenças são causadoras de óbitos que impedem a longevidade. Portanto, precisamos enfatizar a manutenção da saúde para alcançarmos a longevidade com plena saúde.

Analisando cada causa das doenças, vemos que qualquer um poderá chegar à conclusão de que o tipo de alimentação, o condicionamento físico e outros meios materiais não possuem relação com as doenças acima citadas, muito menos com a longevidade.

É sabido que há outras infinidades de doenças que também contribuem para a morte prematura das pessoas.

Assim, o segredo da longevidade está em não contrair nenhum tipo de doença. Você acha possível? Claro que é! É muito simples, porém, precisamos conhecer as causas das doenças e preveni-las.

Primeiramente, é preciso saber que as doenças são criações da própria pessoa. Sendo assim, é possível que o próprio portador da enfermidade também consiga autocurar-se, eliminando as causas originais da afecção. Logicamente, para tanto, tudo depende do estágio em que se encontra a doença.

Para não seguir o caminho errado em busca da longevidade e não contrair doenças, não devemos perder tempo buscando soluções somente em coisas materiais.

Em relação aos alimentos e aos condicionamentos físicos, basta saber que jamais poderá haver exagero em seu uso.

O homem não é um ser constituído unicamente de matéria. Existe outro lado, imaterial, que é a vida espiritual, representada pela mente da própria pessoa.

Portanto, precisamos direcionar os nossos pensamentos para o amor e para a eliminação total do "eu" egoísta, causador de nervosismos, raivas, brigas e ódios; responsáveis por quase todas as doenças que encurtam a vida dos seres humanos.

Como faremos para preencher a nossa mente somente com amor e jamais ficar insatisfeito, nervoso ou com raiva das pessoas?

A maioria das pessoas é muito mimada, pois vive "chorando de barriga cheia". Reclamam de tudo, do sol, da chuva, do frio, do calor, do salário, da aposentadoria, da comida, do marido ou da esposa, da conta de luz, da condução, dos preços, do governo, do trabalho, da colega, da sogra, do vizinho, dos pais, do atendimento, dos parentes, do congestionamento etc.

Atualmente, o homem vive no "Paraíso" e não reconhece que está vivendo muito melhor do que qualquer pessoa do passado. Vivemos cercados de inúmeras maravilhas, como a TV, o computador, a geladeira, o micro-ondas, o celular, os carros, os metrôs, o avião, a anestesia, o antibiótico, as vacinas, as farturas de alimentos, o ar-condicionado, a internet, a tecnologia, a ciência e outras milhares de utilidades que proporcionam maior qualidade de vida ao homem moderno.

Quando eu trabalhava em uma multinacional, conheci uma pessoa que vivia reclamando de tudo no emprego, do mísero salário (como ele dizia), brigava no serviço, falava coisas inconvenientes na empresa, até que um dia foi despedido merecidamente.

Após muitos anos fiquei sabendo que ele estava há muitos anos desempregado, em um estado lamentável, vivendo dos favores de almas caridosas. Infelizmente, ele vivia no paraíso e não soube dar o seu devido valor.

Antes que seja tarde demais, vamos viver com um sentimento profundo de gratulação e jamais deixemos de reconhecer o valor de tudo que temos de bom na nossa vida.

Não podemos esquecer que existem muitas pessoas que não enxergam, não conseguem andar ou sequer tomar água, e muitas pessoas estão sofrendo nos hospitais. E você? Enxerga bem? Consegue andar? Tem carro? Não está passando fome? Tem família? Tem moradia? Mesmo com toda essa maravilha, ainda está insatisfeito?

Pensando bem, não dá para reclamar, não é mesmo? Porém, não basta não reclamar, é preciso ter sentimento profundo de gratulação. Também é necessário retribuir essas dádivas com muito amor, ajudando as pessoas que precisam de auxílio.

Recentemente, vi no jornal que uma pessoa vive acamada há 48 anos no hospital!

Mesmo sabendo que existem pessoas que vivem acamadas a vida inteira no hospital, você ainda tem coragem de ficar reclamando? Brigando com o seu pai? Com a sua esposa? Com o seu marido? Com os seus parentes? E ainda quer ter saúde e longevidade?

Está bem! Vamos colocar um pano no passado para, daqui em diante, vivermos em total harmonia com nossos familiares e amigos e, principalmente, com sentimento profundo de gratulação.

Assim vivendo, temos a garantia da Sabedoria Oriental Milenar de que jamais contrairemos doenças, tendo uma vida longa e tranquila, até cumprir por completo a missão aqui na Terra.

A Sabedoria Oriental Milenar revela as causas que originam as doenças no próximo capítulo. Leia-o e releia-o diversas vezes, até a sua compreensão total, para jamais adoecer.

22

AS CAUSAS DAS DOENÇAS

Analisando, *grosso modo*, as doenças e as suas causas, podemos dividi-las em:

Grupo 1: Doenças causadas por egocentrismo, nervosismo, ódio, ruindade;
Grupo 2: Doenças contagiosas causadas por elementos microscópicos, como micro-organismos, vírus, bactérias;
Grupo 3: Doenças de causas espirituais.

Grupo 1: Doenças causadas por egoísmo

Todo e qualquer sentimento de nervosismo, raiva ou ódio provém da personalidade autocentrada, característica marcante das pessoas que colocam sempre o "eu" em primeiro lugar, a fim de satisfazer as suas vontades (egoísmo), desprezando o sentimento de outrem, provocando nervosismo, raiva e ódio, o qual resulta em doenças do tipo cardiovasculares, infartos, reumatismos, mal de Parkinson, cânceres etc.

A Sabedoria Oriental Milenar alerta os leitores para examinarem seriamente a forma de convívio que têm com os seus familiares. Quando se trata de família, o relacionamento torna-se informal, o que gera atitudes indelicadas e rudes, causando brigas, ofensas, raiva e ódio, que resultam em doenças.

Hoje em dia, há muitas pessoas que espalham a maldade em todos os cantos por onde passam, brigando e ofendendo de modo impiedoso e cruel. Infelizmente, essas pessoas não têm noção do mal que causam aos outros e principalmente a si mesmos.

Em geral, as pessoas se relacionam com os desconhecidos com delicadeza e fineza, principalmente quando são pessoas "importantes", tentando ser mais respeitosas e educadas; nada de errado nesse comportamento, porém, quando tratam os familiares, tornam-se indelicadas, rudes, estúpidas, grosseiras e até violentas.

O que você acha, caro leitor? Há pessoas que tratam bem os estranhos e mal os seus familiares? Tem alguma coisa errada, não tem?

Conheço casais que vivem brigando, ofendendo uns aos outros e falando mal do seu cônjuge, tentando argumentar que estão com a razão.

Quem são as pessoas mais importantes para você? Não são seus pais, seu cônjuge e seus filhos?

Quem merece ser tratado com amabilidade, delicadeza e com total respeito? Não são os seus familiares? Você concorda que a partir de agora devemos tratar todos os seus familiares como se fossem um valioso e único tesouro do mundo?

No trato com as pessoas importantes e autoridades, devemos nos relacionar formalmente com educação e com o devido respeito, e não "puxar o saco", arrastrando-se como uma centopeia. Esse tipo de comportamento é muito feio e humilhante. Saiba que você será valorizado quando estiver no mesmo nível, de igual para igual.

Aqueles que rastejam diante de uma pessoa importante ou do seu superior terão de se prostrar para sempre. Você quer isso?

Além do mais, as pessoas que brigam com os familiares serão abnegadas por todos os seus ancestrais, ou seja, brigar com a família é o mesmo que comprar briga com todos os ancestrais.

Para manter a imunidade contra quaisquer tipos de doenças é preciso que viva todos os momentos da vida com amor no coração e sentimento de gratulação.

Grupo 2: Doenças contagiosas

Quem são os culpados? Os vírus, os micróbios e as bactérias? São eles os criminosos? São eles malfazejos, malvados e virulentos, que provocam doenças, como a pneumonia, o HIV, a gripe, a meningite e as infecções, as quais levam, em muitos casos, à morte?

Vamos ver no dicionário o sinônimo de malvado e virulento.

Malvado: adj. agressor, cruel, impiedoso, desumano, duro, frio, maldoso, malfeitor, ruim, mau, tirano, malévolo.

Virulento: adj. que tem vírus ou veneno; que é da natureza do vírus; rancoroso; maligno.

Existe uma regra no Universo, incontestável e invariável, conhecida como "regra da afinidade" (atração dos semelháveis). A pessoa será afetada pela doença contagiosa somente se possuir os mesmos sentimentos de vírus e bactérias. Por essa razão, uns são afetados e outros não.

Os agentes transmissores de doenças infecciosas (vírus, micróbios e bactérias) são instrumentos de correção do desvio de comportamento mental dos homens. Portanto, eles estão simplesmente cumprindo a missão estabelecida pela natureza.

Para que nunca sejamos afetados pelas doenças contagiosas, basta cultivarmos sentimentos opostos aos que atraem os vírus ou os micróbios, ou seja, basta sermos afáveis, afetuosos, amáveis, amigáveis, amorosos, atenciosos, benevolentes, bondosos, carinhosos, condescendentes, cordiais, gentis e muito humildes.

Quando os filhos são afetados por doenças transmissíveis, as causas estão nos pais que sentem o poder, a importância, a ruindade e o nervosismo.

Com a prática dos sentimentos citados acima, a Sabedoria Oriental Milenar garante a total imunização contra quaisquer doenças contagiosas e também contra a maioria dos outros tipos de enfermidades (há outros fatores geradores de afecções), desde que não tenha nenhum sentimento conflitante do passado enraizado no seu subconsciente.

É importante saber que os filhos menores também não serão afetados por doenças contagiosas ou por qualquer enfermidade quando os pais viverem em harmonia total, sem brigas, sem desequilíbrio emocional e sem o sentimento de importância e presunção.

O campeão de tiros ao alvo poderá errar a pontaria, porém, as afirmações acima se tratam das regras da Natureza inalterável, jamais errando.

Grupo 3: Doenças de causas espirituais

Doenças incuráveis, como câncer, diabetes, epilepsia, Alzheimer, esquizofrenia (possessão espiritual), loucura (possessão espiritual irreversível), problema na coluna, doenças de causas desconhecidas e outras desgraças, são causadas por influências espirituais, embora a própria pessoa também possa criar doenças como câncer e o diabetes (ver grupo 1).

Essas influências são dos espíritos que morreram de doenças, os quais continuam sofrendo no mundo espiritual com a ilusão de doença. Normalmente, são espíritos de ancestrais e de pessoas conhecidas, podendo ser, ainda, outros espíritos desconhecidos que se assemelham aos pensamentos e condutas dos encarnados.

Também há a possibilidade de serem espíritos com intuito de vingança. Geralmente, são os espíritos que foram prejudicados pelo próprio encarnado ou pelo familiar dele, nas vidas passadas, ou o espírito que sofreu aborto.

Nos países mais desenvolvidos, principalmente onde o aborto é legalizado, há grande incidência de pessoas que contraem doenças como a epilepsia, problemas mentais, câncer e outras doenças desconhecidas pela medicina, normalmente incuráveis; sendo tudo isso influência dos espíritos retirados da barriga da mãe durante a gravidez.

Fica claro que o nosso mundo é perfeito. Isso ocorre graças às regras ocultas existentes no Universo, as quais são disciplinadoras das condutas do homem, com as consequências correspondentes a cada ato cometido.

Quando alguém vem a falecer por certa doença, o espírito dessa pessoa continua sofrendo, com a ilusão de ainda estar enfermo, fazendo-o pedir ajuda aos seus descendentes ou amigos. Esse pedido de ajuda provoca a mesma doença para a pessoa que recebeu o pedido de socorro. As pessoas que recebem tais vibrações são possuidoras de certa afinidade ou vibração espiritual semelhante à do falecido.

Mesmo em se tratando de doenças de difícil cura ou mesmo tidas como incuráveis pela medicina atual, a cura é relativamente fácil, dependendo logicamente da fase em que se encontra a doença e há casos irreversíveis, quando se trata de doença causada pela vingança dos espíritos.

Neste capítulo, não citarei a forma para curar as doenças originárias de influências espirituais. Entretanto, deixarei uma dica valiosa para não contrair afecções incuráveis e também não ser influenciado pelas vibrações espirituais negativas. (Veja o livro "Você também pode ser rico e saudável com Sabedoria Oriental Milenar".)

Para tanto, é preciso criar um sentimento oposto aos sentimentos nefastos, portanto é importante lembrar-se a todo momento, as regras de atração dos elementos semelháveis e retração de não semelháveis.

Os sentimentos que devem prevalecer na sua mente e no coração são os de amor, bondade, compaixão, docilidade, meiguice, piedade, caridade e humildade.

Você, caro leitor, deve ler imediatamente o próximo capítulo. Não suporto mais ouvir diariamente as notícias de acidentes que têm provocado tantas mortes no trânsito. Você acha impossível não se envolver em um acidente de carro? A Sabedoria Oriental Milenar tem a recomendação para proteger você e sua família desses acidentes.

23

COMO EVITAR ACIDENTES DE TRÂNSITO

Segundo os dados do grupo Transitobr, no Brasil, 45 mil pessoas morrem por ano e cerca de 380 mil são feridas em acidentes de trânsito. Conforme os dados da OMS morreram, em 2011, 1.300.000 pessoas no mundo em acidentes causados principalmente por imprudência dos condutores de veículos, ocasionando tristeza e dor aos familiares.

Como evitar esses acidentes? Você acha impossível? Talvez você pense que a prevenção de acidentes não depende somente de você, e sim de outros motoristas.

A Sabedoria Oriental Milenar apresenta a solução para evitar essas tragédias, assim como quaisquer outros acidentes. Você acredita? Pois acredite, esse é um assunto muito importante. Ninguém quer morrer no trânsito e muito menos ficar com sequelas de acidente.

Comecei a escrever sobre acidentes de trânsito e hoje fiz uma experiência, dirigindo cerca de 100 km, como se fosse um motorista normal, sem fazer qualquer uso da Sabedoria Oriental Milenar para dirigir.

Foi uma loucura. Fiquei assustado com os inúmeros motoristas descorteses que encontrei pelas estradas. Citarei algumas experiências que vivi durante a minha viagem:

1. Para entrar na estrada, segui pelo acostamento até desenvolver a velocidade e entrei na pista, ciente de que

vinha um enorme caminhão, pois havia uma distância suficiente para entrar na pista sem prejudicar a velocidade do imenso veículo. Entretanto, o motorista não gostou da minha atitude, acendeu o farol, buzinou e acelerou ao máximo para tentar encostar-se à traseira do meu carro. O caminhão não precisava nem brecar, bastava manter a velocidade. Entretanto, a perversidade do motorista não quis permitir que alguém entrasse na frente dele, como ocorre sempre com os veículos pesados, que normalmente aceleram em vez de reduzir um pouco a velocidade para facilitar a entrada dos carros na pista.

2. Quase todos os motoristas não nos deixam entrar na sua frente, por estarem na preferencial e por egocentrismo, sem nenhuma benevolência para facilitar a passagem de quem esteja com dificuldade para ingressar na sua frente ou na via preferencial. O pior de tudo é que não são alguns, mas infelizmente um grande número de condutores que agem dessa forma, por isso há inúmeras reclamações acerca da conduta ética dos nossos motoristas.
3. Na volta à cidade, enfrentamos congestionamentos na estrada. Todos os "impacientes" passavam pelo acostamento, prejudicando ainda mais o fluxo de veículos. Esse tipo de comportamento dificilmente acontece em países mais desenvolvidos. No Japão, ninguém ultrapassa pelo acostamento. Sabe por que ninguém faz isso? Porque lá não existe acostamento. O acostamento serve somente para atender aos geniosos, dando a oportunidade de passarem na frente dos outros. Pelo menos se a largura do acostamento fosse menor, isso evitaria ultrapassagem pelos astuciosos.

4. Ao chegar à cidade, tive de passar para o lado direito da rua para poder fazer uma conversão à direita, entretanto, mesmo fazendo sinal e pedindo a passagem, ninguém me deixou entrar. Fui obrigado a forçar a entrada, apertando a passagem dos carros que trafegavam pela direita; mesmo assim, os veículos passavam no aperto, buzinando e sequer reduzindo a velocidade. O que dizer da conduta desses motoristas que não cedem um milímetro sequer, a fim de facilitar a entrada do carro na sua frente? É muita perversidade, não é mesmo? Tenho certeza de que os leitores dos meus livros jamais agiriam dessa forma.

Caros leitores, todos esses comportamentos malévolos dos motoristas são normais? Será que o Criador fez um mundo tão imperfeito e injusto assim? Os veículos grandes desrespeitam os menores, e os que estão na via preferencial se acham no direito de não dar passagem aos que estão com dificuldade de entrar na via preferencial. Você acha certo isso? Não é um absurdo se comportar dessa forma em uma sociedade em que um depende do outro para viver?

Se você fosse o Criador dos seres humanos, observando todos esses comportamentos dos homens no volante, qual seria o seu sentimento? Ficaria imparcial ou sentiria culpa por ter criado um ser humano tão "desumano"? Será que o Criador não sabia que os homens agiriam dessa forma autocentrada e individualista? Claro que sabia, por isso Ele fez a regra que disciplina o comportamento dos homens, com consequências correspondentes aos seus atos.

Normalmente, quando ocorre um acidente, um tenta culpar o outro, dizendo que não tinha culpa e que o outro era o culpado. Se você não possuía culpa, por que naquele exato momento tinha que estar no local da colisão? Não podia estar dez segundos à frente do local da colisão? Na verdade, nesse caso, houve um encontro de dois motoristas semelháveis para colidirem, conforme a regra da natureza.

Para não sermos atingidos por motoristas imprudentes, irresponsáveis e negligentes, precisamos mudar os nossos comportamentos em relação aos deles, sendo gentis, educados, cautelosos e responsáveis, para não sermos semelháveis a eles. Conforme a regra do Universo, "os não semelháveis se repelem".

Quando você pegar no volante, procure ser a pessoa mais legal possível, não correndo na cidade, dando passagem para os pedestres, deixando os carros entrarem na sua frente, facilitando a entrada de veículos na via preferencial, não xingando os motoqueiros e dando total preferência a eles, evitando passagens pelo acostamento, não buzinando para o motorista que estiver na sua frente, dirigindo sempre com um sorriso no rosto, nunca nervoso, mantendo a velocidade do fluxo e nunca tentando passar na frente dos outros, além de, claro, não dirigir após o consumo de bebidas alcoólicas.

Viu como não é difícil? Saiba que procedendo assim você evitará qualquer acidente. Logicamente, a postura é essencial não somente na hora de dirigir; você precisa ser muito gentil em todos os momentos da sua vida e em todos os lugares, principalmente na sua casa e com os seus familiares. Se você se comprometer a proceder dessa forma, poderá evitar 95% de acidentes e colisões.

Quando estive no Japão, era muito comum encontrar as placas nas esquinas com dizeres:

- Vamos dirigir com um sorriso no rosto;
- Vamos dar a preferência para os outros;
- Vamos cuidar dos nossos filhos e dos filhos dos outros.

O que você acha dessas placas? Não gostaria que colocassem as placas com os mesmos dizeres em todos os cantos do Brasil?

Em vez de esperar que os outros mudem, os leitores da Sabedoria Oriental Milenar devem ser os primeiros a mudar.

Eu disse que, ao agir de acordo com a Sabedoria Oriental Milenar, você evitaria 95% de acidentes. E o que seriam os 5% restantes de acidentes que não dependem da nossa postura?

São acidentes causados pela natureza, por falhas humanas, problemas das estradas, problemas mecânicos etc. Como você evitaria esses problemas? Não sabe? É impossível por não depender do motorista? Não. Na verdade, tudo é possível e depende unicamente do motorista. Vamos ver as dicas valiosas da Sabedoria Oriental Milenar.

Como citei acima, tudo depende de nós. Então, devemos fazer tudo da melhor forma possível, deixando o que não depende de nós por conta das forças ocultas existentes no universo. Isso não quer dizer que devemos cruzar os braços e "Deixar por conta de Deus" ou dizer "seja como Deus quiser".

A força oculta a qual estou me referindo é como se fossem ondas eletromagnéticas de transmissão de rádio, que possuem uma infinidade de frequências onipresentes, ou seja, está presente em todo o espaço. Para cada transmissão, é necessário sintonizar com a frequência correspondente, a fim de receber a transmissão desejada.

A força impalpável do Universo é a mesma; há milhões de temas (frequências). Portanto, é necessário sintonizarmos na frequência desejada para obtermos o retorno esperado.

Como devemos sintonizar com a força do universo? É muito fácil. Basta acreditar nas orações abaixo:

"Minha profunda gratulação pela proteção e pela orientação recebida durante todo o percurso, até chegar à minha casa."

"Gratidão por facilitar a entrada na via preferencial."

"Orientada e protegida pela sua sabedoria, chegarei às 17h no destino."

É muito fácil. Basta repetir essas afirmações com seriedade e com fé, mantendo o amor no coração. Com mais essa prática, você estará 100% protegido de acidentes terríveis no trânsito. Por favor, acredite e nunca se esqueça de fazer essas orações (afirmações) da Sabedoria Oriental Milenar, as quais protegerão você e sua família nas viagens. Veja também "Como evitar acidente de trânsito, com Sabedoria Oriental" da minha autoria.

Por favor, usem a sua influência, o seu poder, o seu amor, a sua capacidade e as suas amizades para divulgar este livro para o maior número possível de pessoas, a fim de reduzir as vítimas de acidentes de trânsito, o que também diminuirá o sofrimento de muitos familiares. Que Deus abençoe você e seus familiares nesse ato de amor solidário.

Conheça, no próximo capítulo, como criar um escudo protetor contra o maior inimigo de sua vida, a fim de que conquiste a verdadeira felicidade. Veja o próximo capítulo.

24

NÃO DEIXE O NERVOSISMO TOMAR CONTA DE VOCÊ

Uma das causas que mais afeta a saúde é o nervosismo; portanto, é preciso controlar essa força maligna presente em torno de grande parte das pessoas.

O nervosismo provém do egoísmo, do individualismo, sendo um dos maiores inimigos do homem. O egocentrismo, além de ser um dos piores e mais malignos valores das pessoas, causa ao próprio portador o declínio da sua saúde, originando as mais diversas doenças, físicas e emocionais.

Você poderá pensar que está com toda a razão para ficar nervoso, devido às ofensas injustas que o magoaram profundamente. Mas de que vale a razão? Para aumentar ainda mais a briga e consequentemente o nervosismo? Ou você quer fazer justiça devolvendo na mesma moeda? Quem sabe, para satisfazer o seu ego? Eu até entendo, afinal, gente ruim tem de monte em todos os lugares, não é mesmo?

Entretanto, é preciso saber as consequências malignas que afetarão a sua vida, como doenças, acidentes, desânimo, raiva e outras desgraças. Portanto, você deve avaliar o que é melhor para você, e, a partir daí, fazer a escolha certa.

Ficar nervoso e brigar para satisfazer o seu ego, ou perdoar para a manutenção da sua saúde e da sua felicidade, assim como para evitar outras desditas e acidentes que poderão envolver até os seus familiares?

Uma das piores coisas na vida é ser agredido por ofensas acompanhadas de desprezo, com ausência total de respeito e consideração, razões pelas quais todos nós nos magoamos. É sempre bom lembrar que devemos tratar todas as pessoas com muito amor e bondade, principalmente os familiares.

Existem pessoas que são muito nervosas e impacientes, daqueles que "soltam os cachorros" nas pessoas por qualquer coisa, ofendendo de modo impiedoso, principalmente quando se trata de relacionamento com familiares.

Aqueles que são nervosos, arrogantes e impiedosos, que frequentemente ofendem e menosprezam as pessoas e os seus familiares, podem até achar que são mais do que os outros e que estão com a razão para desferir uma bronca, porém estão completamente equivocados.

Nota-se que, no mundo em que vivemos, tudo é muito perfeito. Alguns fenômenos que não são perfeitos, como as doenças e as calamidades causadas por fenômenos da natureza, acredite ou não, não são imperfeições ou falhas do projeto divino, e sim uma justiça divina, que aciona tais fenômenos como consequência de uma determinada causa, seguindo a regra de ação e reação.

Aqui nada acontece ao acaso e sem motivos, sendo tudo resultado de uma determinada causa. Portanto, todo e qualquer ato do homem implicará em severas consequências correspondentes. Ninguém contrai uma doença sem nenhuma causa e nem será envolvido em acidente de carro sem motivos; muito menos será uma vítima inesperada de uma tragédia causada pela natureza.

Assim, qualquer que seja a ação, seja ela boa ou ruim, por menor que seja, trará uma consequência correspondente.

Naturalmente, atos de amor resultarão somente em consequências positivas e, para atitudes malévolas, há terríveis ocorrências, podendo envolver até os familiares, em forma de doenças, acidentes e sofrimentos inimagináveis, além de afetar gravemente os negócios de sua empresa.

Essas consequências não têm limites e propagam-se infinitamente. Dependendo da gravidade da maldade cometida, haverá de pagar com a interrupção da própria existência.

Portanto, a partir de agora, procure o caminho do amor incondicional e jamais machuque as pessoas com palavras recheadas de impiedade. Elimine por completo a ruindade e a malevolência de dentro de você o quanto antes, e de agora em diante seja extremamente amável e bondoso com todas as pessoas, inclusive para com aquelas pessoas com as quais você faltou com respeito por muito tempo, para recompensar os seus maus comportamentos de até então.

Existe um dito popular milenar que diz:

> *"Se você amaldiçoar alguém, haverá dois buracos, um para você e outro para a pessoa que você amaldiçoou."*

É exatamente isso o que acontece. Se você ofender impiedosamente alguém, terá de arcar com todas essas consequências citadas acima, padecendo no rio da amargura.

E se você for vítima de agressão com palavras ofensivas, com total ausência de respeito, e sentir-se ofendido e amargurado, e não exculpar o seu ofensor, haverá também de arcar com todas as consequências citadas no início deste capítulo, independentemente de estar com toda a razão ou não, e também padecerá no rio da amargura.

Eu, o autor deste livro, quando comecei a escrever este capítulo, deparei com uma enorme dificuldade: escrevia e apagava diversas vezes, pois não vinha nenhum assunto à minha mente.

Fiquei sentado diante do computador por vários dias olhando para a tela e nada de inspiração. Escrevia algumas frases e apagava tudo. Pensei em não escrever sobre este assunto e eliminar o título e fiquei cerca de uma semana sem nenhum progresso.

Nesse intervalo, ocorreu um fato muito marcante:

> *Inesperadamente, fui agredido com palavras pesadas, com total ausência de consideração e respeito por uma pessoa pela qual tenho a maior estima. Naturalmente, fiquei muitíssimo magoado, desanimado, destruído e desiquilibrado, o que abalou até a minha saúde. Imediatamente, deixei o escritório e dei uma volta de carro pela cidade. Em poucos minutos, recuperei o amor no coração, voltei ao escritório e mandei uma mensagem de muito amor para a minha ofensora.*

Creio que não sou perfeito, entretanto, procuro manter sempre o amor no coração, não deixando espaço para qualquer pensamento negativo, como a raiva, o ódio, a mágoa, entrar no meu coração. Acima de tudo, estou ciente de que, se eu ficar com mágoas ou com raiva, o único prejudicado sou eu, portanto, procuro sempre não culpar a pessoa o mais rápido possível e incondicionalmente, sem avaliar se estou com a razão ou não.

Assim que a serenidade voltar à minha mente, procuro avaliar imparcialmente o fato, e busco tomar decisões para evitar tais ocorrências de novo, mesmo que os fatos estejam em desacordo com a minha vontade. Assim, acredito que eu mesmo sou o seguidor número 1 da Sabedoria Oriental Milenar.

Na verdade, esse fato ocorrido comigo não foi inédito. Sempre que me ocorre certa dificuldade, quando sou submetido a situações desafiadoras, acredito que alguém lá em cima está observando as minhas ações e reações para solucionar as situações.

Portanto, este capítulo e todos os livros da Sabedoria Oriental Milenar foram escritos com inspiração. Por isso é meu desejo que o maior número possível de pessoas tenha acesso a esses livros e que os leitores se tornem cada vez mais felizes e realizados.

Certa vez, em uma das minhas palestras, um senhor de meia-idade perguntou se era possível curar várias feridas enormes, do tipo afta, pois ele as tinha na boca por muitos anos e elas pioravam cada vez mais. Essa mesma pessoa havia me criticado durante a minha palestra. Veja no próximo capítulo a importância de usar somente palavras de amor.

25

NÃO USE PALAVRAS OFENSIVAS ÀS PESSOAS

Acredite ou não, todas as palavras proferidas são gravadas em algum lugar do universo (como se fossem as gravações de milhões de ligações telefônicas) para serem avaliadas e julgadas em um momento oportuno, segundo as regras da Natureza.

Serão gravadas todas as vezes em que alguém gritar ou levantar a voz a fim de intimidar e fazer valer suas alegações. Portanto, tenha muita responsabilidade com o uso das palavras. Gritar, ofender e xingar não trazem vantagem alguma, além de demonstrar a sua personalidade rude e fazê-lo ser odiado e detestado por todos.

Normalmente, esses comportamentos ocorrem com frequência nas recepções dos hotéis, nos bancos e principalmente nas novelas. Eu não sei dizer se as novelas é que induzem os telespectadores às brigas ou se elas estão apenas reproduzindo os valores sociais da atualidade.

Saiba que briga é uma das piores atitudes existentes na humanidade, a qual causa infelicidades, doenças, acidentes, guerras, crimes, divórcios e outros infortúnios.

Geralmente, em discussões, as pessoas gritam ou ofendem quando julgam estar com a razão, porém, nesse caso, é puro capricho de egocentrismo, apenas uma busca que visa prevalecer o seu ponto de vista em detrimento do outro.

No ambiente familiar, onde as brigas são mais comuns, surgem as doenças, assim como outros problemas, devido ao uso de palavras impensadas que ferem as pessoas.

O uso de colocações severas na família fere inimaginavelmente os sentimentos dos familiares, além de provocar nervosismo, raiva e ódio, resultando em uma série de doenças e outras infinidades de desditas.

Sabemos que, quando alguém da família adoece, tudo fica muito complicado. Além do gasto financeiro, cria-se um grande transtorno para os familiares. Você quer isso? Provavelmente não. Então vamos mudar daqui para frente, para que não ocorram mais desarmonias entre os familiares e consequentemente doenças e mortes prematuras.

Quem são as pessoas mais importantes para você? Não são os seus familiares? Certamente você não quer que ninguém da sua família adoeça para trazer preocupação, dor de cabeça e muitos transtornos, não é mesmo? Sendo assim, vamos resolver esse problema de doenças na família definitivamente. Mas como devemos fazer?

A palavra mágica é AMOR. A partir de agora, vamos sempre nos colocar no lugar de quem está nos ouvindo, e falar somente da forma como gostaríamos que falassem conosco: com respeito, carinho e muito amor, nunca gritando, ofendendo, brigando e discutindo.

Quando estiver nervoso, não fale nada, não escreva qualquer resposta por e-mail, não telefone. Dê uma volta pela cidade, faça algo que esfrie a sua cabeça e, quando a serenidade voltar à sua mente, fale com muito amor e carinho, desconsiderando tudo o que afetou o seu sentimento.

Quando as pessoas brigam, sempre querem "ganhar", seja fisicamente ou no "bate-boca". A briga é uma guerra em menor dimensão. Em uma guerra, o objetivo é ganhar, mesmo que se utilizem meios impiedosos para massacrar os inimigos. Na discussão ou na briga, também ocorre o mesmo. Utilizam-se as palavras cruéis com o intuito de massacrar o oponente, sentindo que ganhou a batalha, por ter ferido e acabado com o opositor.

Em uma guerra ou em uma briga, nunca haverá ganhador. Ambos sempre serão perdedores, pois em nosso mundo existe a lei de ação e reação, permanente e inviolável, que rege a vida de todos nós. Ter justificativas próprias ou achar que está com a razão em nada muda a consequência da lei da ação e reação.

Na verdade, as pessoas nervosas são as que mais precisam de amor e apoio. Mas o que fazer para mudar essas pessoas a fim de que tenham mais amor no coração? O que diz a Sabedoria Oriental Milenar?

Tentar mudar a pessoa, por qualquer que seja o método, seria invadir a área de outrem, e intervir no direito de liberdade que a pessoa tem. Por outro lado, se conseguíssemos mudar as pessoas conforme os nossos desejos, não haveria mais brigas e nem guerras.

O Criador, Todo-Poderoso, concedeu a liberdade para que o homem tenha a oportunidade de buscar livremente a evolução, em todos os sentidos da vida.

Portanto, é preciso que as pessoas ao redor continuem demonstrando o amor incondicional e orando, não para mudar, mas para que desperte o amor existente no seu âmago.

Entre os casais, muitos parceiros acabam ditando regras uns aos outros, proibindo ou condenando o companheiro por certos atos, acreditando equivocadamente possuírem o direito de "posse" sobre o outro. Na verdade, casar-se não significa tornar-se propriedade do cônjuge a ponto de ditar regras, estipular o que pode e o que não pode fazer. Ao casar ninguém se torna escravo do outro.

Casamento é uma associação, um enlace, uma união, uma combinação, um elo. Portanto, no matrimônio, deve predominar o compromisso de ajudar um ao outro, e o respeito ao caráter de individualidade existente em cada um.

Dessa forma, é de suma importância demonstrar gratidão por toda colaboração do cônjuge, lembrando que nada é obrigação; tudo é dedicação, cooperação, ajuda mútua, em nome da união baseada no amor.

A partir do momento em que você deixa de reconhecer o trabalho e passa a cobrar serviços, com críticas e reclamações, o vínculo conjugal torna-se uma ditadura de regras, as brigas tomarão conta do seu lar e o casamento deixará de ser uma associação de amor.

As brigas e insatisfações acabam com o elo do matrimônio, dando início a inúmeras adversidades na vida do casal e da família, como doenças, separação, infidelidades e até a quebra do compromisso e da família.

Recentemente, saiu a notícia de que um indivíduo de mais de 50 anos assassinou covardemente a companheira a facadas. Tentou justificar a sua monstruosidade com o ciúme.

Em outro caso, o marido matou a mulher por infidelidade, matando-se em seguida e deixando dois filhos pequenos.

Não é possível que ainda existam pessoas que cometam crimes passionais, impiedosos e hediondos. Essas selvagerias cometidas por esses desequilibrados são totalmente irracionais.

Como já foi dito anteriormente, ninguém é propriedade de ninguém. O cônjuge não é escravo, portanto, ninguém tem o direito de ditar as regras do que se pode fazer ou não, e muito menos tirar a vida alheia, com atos selváticos, estúpidos e repugnantes.

O criminoso sempre acha que está com a razão para cometer seus crimes, entretanto, tudo o que acontece na vida da pessoa é consequência de seus atos, ou ainda se trata de um projeto divino para avaliação do seu nível espiritual, a fim de resgatar o carma das vidas passadas.

Certamente, os que cometem crimes impiedosos estão transgredindo as leis divinas, perdendo a oportunidade de ascensão e causando uma queda no abismo das dívidas imensas.

Outras pessoas não cometem tais crimes, porém, jamais perdoam o seu cônjuge por atos de infidelidade, condenando-os impiedosa e permanentemente, com uma profunda raiva e ódio.

Nesse caso, também se demonstra ausência de amor e com sentimento de posse, perdendo a oportunidade de ascensão, causando para si um declínio moral e um acúmulo de desvios de comportamentos, que poderão causar graves enfermidades.

Na verdade, o mais importante são os seus atos, e não os dos outros, porque você é o centro do seu universo, e tudo gira em torno de você. Caso alguém cometa alguma maldade contra você, não há necessidade de você cometer a mesma maldade ou ficar nervoso por causa dos outros.

O mais importante é você não cometer atos malévolos, e o sentimento de amor estar sempre presente em todas as suas condutas.

Quando você exculpa alguém, está sendo exculpado e poupado de sofrer, portanto, se quer ser feliz e saudável, exculpe a pessoa incondicionalmente, quem quer que seja. Não importando o motivo, você deve duplamente desconsiderar o fato de estar com a razão ou não.

Caso alguém tenha apresentado condutas não agradáveis, não seria de sua alçada julgá-lo. A única atribuição que compete a você é perdoar irrestritamente. Assim, você será protegido contra qualquer desavença, sendo feliz, não somente você, mas também todos os seus familiares.

Outro aspecto muito importante que precisamos saber é que, em nosso mundo, quem estiver próximo de você funcionará como um espelho que reflete sua personalidade e seu pensamento. Portanto, não há como culpar os outros. Tudo o que sai de você retorna para você.

Veja o que diz este provérbio Oriental:

> *"Quando eu mudo, o mundo muda.*
>
> *Quando eu movo, o mundo move."*

É como um diamante bruto que tem de passar por um processo dolorido para brilhar. Se você possui muitos problemas, é sinal de que está passando por um processo dolorido para seu aprimoramento espiritual.

Caso recuse esse processo odiando as pessoas, jamais será um brilhante, sendo sempre bruto, mesmo que você possua no seu interior um valor inestimável e extraordinário de brilhante.

Na verdade, você possui em seu interior uma fonte de incalculável valor que vale mais que um brilhante. Para exteriorizar esse valor, você será submetido a um processo dolorido, muitas vezes insuportável de provações, porém, é necessário exculpar incondicionalmente e amar irrestritamente, visualizando a perfeição existente no interior de todas as pessoas.

Veja o que diz este provérbio Oriental Milenar:

> *"Condene o pecado e não o pecador."*

Normalmente achamos que devemos condenar o pecador (culpado) que cometeu o pecado, pois não temos como condenar o pecado (a ação cometida).

Quais são os motivos que levam as pessoas a cometer o pecado? A criminalidade e a guerra, por exemplo, não são resultantes de problemas sociais, econômicos, culturais, educacionais e emocionais?

Sabemos que nada aqui na Terra acontece por acaso, apresentando tudo uma causa, seja ela consequência de determinados atos ou ainda resultado de vinganças espirituais, assim como o resgate de carmas das vidas passadas.

Ponderando as causas citadas acima, concluímos que a humanidade ainda está longe da civilização, pois muitos homens e povos praticam barbáries por ausência de educação nas ações.

Lembre-se, caro leitor, da "regra da afinidade", que diz:

> *Atração dos semelháveis e retração dos não semelháveis.*

Todas as pessoas à sua volta são seus semelhantes: o cônjuge, os filhos, os colegas, os condutores de veículos que estão próximos ao seu carro e assim por diante. Portanto, não há como reclamar daqueles que estão sempre presentes na sua vida.

Seja bondoso, legal, otimista, educado, humano, piedoso, sincero, carinhoso, condescendente, atencioso e alegre, a fim de atrair para a sua vida somente as pessoas com essas características. Observe atentamente os itens abaixo:

– Nunca fique nervoso ao volante para não atrair motoristas que possam bater no seu carro.

– Nunca deixe a sua mente ser invadida por sentimentos de crueldade, para não atrair criminosos.

– Nunca deixe entrar na sua mente o sentimento de pobreza, para não atrair a pobreza;

– Nunca fale que todos os homens não prestam, para não atrair os homens que não prestam.

– Nunca reclame do seu emprego para não ser dispensado.

– Nunca tente levar vantagem para não ter de pagar com dores e sofrimentos.

– Nunca odeie ninguém para não contrair doenças.

– Nunca roube para não ser roubado.

– Nunca use palavras aguçadas para ferir as pessoas a fim de não ter de se submeter à cirurgia (ferir).

– Nunca desrespeite os seus pais, para não ser deserdado por todos os ancestrais e por Deus.

– Nunca deixe o medo entrar em sua mente, para não atrair coisas negativas.

Tudo que você temer acontecerá na sua vida. Veja o próximo capítulo para nunca mais temer a doença.

26

NÃO TEMA A DOENÇA

Há um provérbio Oriental Milenar, que diz:

> *"A abelha pica o rosto lacrimejante."*

É a regra da afinidade, que se trata da "atração dos fatos semelháveis". Portanto, se você temer a doença, fatalmente adoecerá.

> *Certa vez, uma amiga me disse:*
>
> *– Eu sempre pensei que não queria casar com um homem feio, baixinho, gordo e careca! Adivinha como é o meu marido? Ele é feio, baixinho, gordo e careca!*
>
> *É assim que funciona a vida. O pensamento de não querer casar com um homem baixinho, gordo e careca, com medo de casar com homem feio, atraiu o tipo do homem que ela temia.*
>
> *Uma vez, namorei uma menina que me chutou para escanteio, devolvendo um presente que eu tinha dado a ela, dizendo-me:*
>
> *– Não quero compromisso com um homem pobre!*

Na época, eu era um jovem de macacão que trabalhava de dia e estudava à noite. Infelizmente, ela não conseguiu visualizar o potencial que eu tinha.

Após muitos anos, fiquei sabendo que ela foi morar na mesma colônia dos meus pais, casada, com seis filhos, como arrendatária de um pequeno sítio, levando uma vida de pauperismo, coitada! Na época, eu já era um executivo de sucesso em uma empresa multinacional, com muitos bens e imóveis, carro do ano etc.; tornando-me, depois, um empresário.

"Eu não quero casar com homem pobre" é como se fosse uma oração, de maneira equivocada, que traz o resultado contrário. O temor (medo) de não querer casar com homem pobre, atraiu um homem pobre para casar.

Em uma das minhas palestras, uma senhora falou comigo chorando, pois estava com muito medo de morrer com a mesma doença incurável que tirou a vida dos pais e da irmã. O medo era tanto que, em menos de um ano, ela morreu com essa doença que tanto temia.

Também, em uma das palestras, uma senhora me disse:

– Professor, eu tenho medo de conhecer um homem para namorar.

Perguntei:

– Por quê?

Ela respondeu:

– Todos os homens são sem vergonha, não existe um só que preste. Só pensam em sexo.

Realmente, se temer conhecer um homem por ter o conceito de que todos os homens não prestam, com certeza aparecerão somente os homens com segundas intenções.

Muitas pessoas falam que querem ser ricas e continuam pobres. Sabe por quê? Todo e qualquer pensamento é como se fosse uma oração. Querer ser rico, por ser pobre, que é um fato real que ela mesma acredita, concretiza-se. Porém a vontade de querer ser rica é como se fosse um sonho, um devaneio que jamais concretizará.

Ficar com medo de contrair uma doença incurável é o mesmo que desejar contraí-la. Talvez o leitor pense que temer a doença não significa ficar doente, porém está equivocado, pois há relação entre ambos.

A nossa mente (subconsciente) possui a força de criar uma doença que tememos, assim como gerar uma determinada situação em que acreditar. A mente consciente transmite tudo aquilo em que acredita para a mente subconsciente como uma verdade. A função da mente subconsciente é realizar a ordem vinda da mente consciente, sem questionar ou avaliar se é benéfico ou não.

Outro aspecto muito importante é o fato de doença não ser criação do Criador, e nem um mal que pega a pessoa de surpresa sem nenhum motivo ou causa. Até mesmo os micróbios, as bactérias e os vírus não afetam ninguém sem motivos. Veja novamente o capítulo “As Causas das Doenças”.

Existem pessoas que possuem demasiado temor pela doença e vivem procurando sintomas de doenças nos livros, programas de TV, nas revistas etc. e até nos tipos de alimentação, não se conformando enquanto não descobrem uma doença. Com certeza, um dia alguma doença será diagnosticada, pois, como se diz, quem procura acha.

Em vez de ficar procurando as causas das doenças, procure manter a mente sempre serena e com muito amor no coração, respeitando, amando e gratulando todas as pessoas com carinho e afeição, deixando de se preocupar com a doença, pois ela não se aproximará das pessoas impregnadas de amor e conhecimento da Sabedoria Oriental Milenar. Acredite!

Para ser feliz, não deve deixar que a sua mente vague, pensando em diversas coisas negativas. Veja o próximo capítulo e saiba fiscalizar a sua mente para não permitir que coisas negativas entrem na sua vida.

27

FISCALIZE O SEU PENSAMENTO

Você já refletiu sobre quantos pensamentos passaram pela sua mente, durante o dia de hoje? Talvez muitas coisas desnecessárias, inaproveitáveis, negativas, inconvenientes, inúteis, pessimistas, benéficas, otimistas, relacionadas ao medo, temor, excesso de serviços etc.

Na verdade, a nossa mente é muito mimada e acomodada; normalmente, o pensamento fica vagueando, devaneando sem nenhum pensamento fértil, e digo isso devido ao fato de nossa vida ser resultado dos pensamentos diários.

Por sabermos que a nossa vida é o resultante dos pensamentos, precisamos fiscalizar a nossa mente para que não pensemos em coisas que não acrescentem valores positivos.

Pensemos em formar um jardim com flores e plantas ornamentais, o qual requer cuidados diários para conservar: aguar, adubar, retirar as ervas daninhas, podar e cuidar para mantê-lo da melhor forma possível.

Para cuidar do jardim da nossa mente, também é necessário ter cuidados especiais, podando os pensamentos negativos, retirando pensamentos ruins que não acrescentam valores, fortalecendo os sentimentos de amor e adubando as ideias construtivas com as leituras da Sabedoria Oriental Milenar.

Deixar a mente vagar livremente é como deixar o jardim abandonado, sem nenhum cuidado; em pouco tempo, ele será encoberto de matos, e as flores e plantas ornamentais desaparecerão por completo.

As ervas daninhas da mente correspondem aos pensamentos de preocupação, medo, raiva, insatisfação, nervosismo, desarmonia, doença, angústia, mágoa etc. Fiscalizar a mente é ficar sempre atento para que esses pensamentos negativos não permaneçam na mente, e, se possível, que nem entrem nela.

Mantenha sempre a mente alegre, com amor e sentimento de gratulação, pensando e vendo sempre o lado benéfico e otimista de todos os acontecimentos e das pessoas.

Em tudo há sempre dois lados, o negativo e o positivo, porém discipline a sua mente para visualizar sempre o lado otimista das coisas e o lado positivo das pessoas.

Uma das formas para viver feliz é preencher a mente de amor e satisfação e praticar boas ações, diversas vezes ao dia. Pratique pequenas gentilezas como: parar o seu carro para dar preferência ao pedestre, facilitar a entrada do veículo que esteja tentando entrar na sua frente, oferecer o seu lugar para os idosos, agradecer aos atendentes, cumprimentar os colegas com sorriso no rosto, dirigir palavras de amor para com os seus familiares etc.

Em qualquer lugar que estiver, habitue-se a abençoar as pessoas que estiverem perto de você com muito amor.

Ao servir-se de uma refeição imagine todo o processo pelo qual o alimento passou para chegar até a sua mesa, pronto para ser consumido. Congratule a cada um que trabalhou para produzir, transportar, vender, carregar, revender, cozinhar, servir; e sirva-se com profundo sentimento de reconhecimento e gratulação a todas as pessoas envolvidas no processo.

Vivendo dessa forma, dificilmente os pensamentos negativos prejudiciais à sua vida entrarão na sua mente, e você proporcionará a felicidade para muitas pessoas, sendo você o maior beneficiado.

Certa vez, ouvi uma pessoa muito religiosa comentar um acidente, dizendo:

– Graças a Deus, ainda bem que eu não estava naquele avião!

Imediatamente retruquei, falando:

– Pena que eu não estava no avião!

Ela disse:

– Por quê? Você queria morrer?

E eu respondi:

– Não! Se eu estivesse no avião, não teria acontecido o acidente!

Depois disso, fiquei pensando comigo mesmo: "Pelo menos eu procuro viver com extremo rigor a Sabedoria Oriental Milenar".

Todo e qualquer conhecimento (teoria) não posto em prática é o mesmo que não saber nada, é "zero"; do mesmo modo, passar os conhecimentos para outras pessoas é como ser um professor teórico que estaria intermediando o conhecimento adquirido para os alunos, sem nenhum proveito ou benefício próprio; ou melhor, em troca de um pequeno benefício que é o salário.

Conheço algumas pessoas presunçosas, convictas de que sabem de tudo, inclusive em relação à Sabedoria Oriental Milenar. Porém, elas não praticam nem mesmo um único item entre milhares e milhares de saberes da Sabedoria Oriental Milenar.

Infelizmente, o conhecimento é somente o primeiro passo, e não haverá o segundo, caso você não coloque em prática o que aprendeu, esquecendo-se, com o passar do tempo, de tudo, e retornando à estaca zero.

Como disse no início deste capítulo, a nossa vida se resume a pensamentos diários. Os fatores externos, sejam eles bons ou ruins, não são coincidência, sorte ou azar, sendo tudo consequência da postura mental do passado, que resultou em tal acontecimento.

Não somos produtos de acaso ou de algumas circunstâncias; somos, sim, seres perfeitos da criação divina e possuímos capacidades para direcionar a nossa vida para a felicidade ou para a infelicidade, para uma vida saudável ou doentia.

O futuro depende unicamente de direcionar os pensamentos aos objetivos que desejamos alcançar, fiscalizando a mente e extinguindo todo e qualquer pensamento prejudicial aos nossos objetivos. Saibam também que não há nada na sua vida que não possa mudar ou solucionar, desde que não sejam fatos já consumados no mundo mental.

Como já disse, a felicidade é um conjunto de valores, portanto, ninguém pode ser feliz em um país onde não existe a estabilidade econômica e principalmente em um país que estiver em pé de guerra ou com terrorismo. Portanto, amemos o nosso país, o Brasil. Veja o próximo capítulo para saber a postura de um patriota que ama o país de verdade.

28

VIVA COM GRATIDÃO PROFUNDA AO SEU PAÍS

Caro leitor, você conheceu alguma pessoa que gostaria de passar fome, de apanhar, de ser ofendido, de contrair doenças, de ficar pobre, de ser roubado etc.? Não? Você saberia responder o porquê de as pessoas não desejarem ser infelizes? Você acha lógico? Mas por que todos querem ser felizes e ninguém quer ser infeliz?

É importante saber que o ser humano, no seu interior, possui a perfeição, por isso procura as coisas perfeitas. A doença também inexiste na sua origem, por isso, quando se adoece, logo há o desejo de retornar ao seu estado original de saúde.

Apesar de o ser humano possuir a perfeição e a saúde na sua origem, diariamente vemos notícias de fome, crimes, acidentes, mortes, doenças, entre outras desgraças. O ser humano que digo ser perfeito não parece tão perfeito. Brigas, guerras, greves, depredações, terrorismo e crimes são noticiados diariamente em todos os meios de comunicação.

Os leitores poderão perguntar: "Onde estão os homens perfeitos? Onde foi parar o sermão de Jesus de: Não matarás (Mt 5:21-22), não resistais ao mal (Mt 5:38), amais vossos inimigos (Mt 5:38-45)?".

Por que existem tantas desavenças no mundo dos homens, após 2 mil anos de Jesus ter pregado o amor como o esteio da vida para uma vida feliz?

Por que os homens procuram a felicidade e vivem em conflitos? Será que eles estão equivocados em buscar a felicidade massacrando os outros, por meio de conflitos armados? Ou com manifestação agressiva, acompanhada de depredações dos bens alheios e dos bens comuns da sociedade? Prejudicando a população que nada tem a ver com o propósito?

Hoje, enquanto escrevia este capítulo, os bancos estavam em greve há alguns dias, causando grandes transtornos para a população. Será que não há outros meios para conseguir o aumento de salário, sem que prejudique a população e nem atravanque a economia do país e da organização?

Quando eu trabalhava na indústria metalúrgica, nas épocas de greves constantes na região de ABC, fui ao Japão. Uma das empresas que fomos visitar estava em greve; sabe como? Todos os funcionários estavam com uma faixa na cabeça, escrito "ESTAMOS EM GREVE" e todos trabalhavam normalmente. Tive a oportunidade de conversar com um grupo de grevistas, e contei como é a greve no Brasil. Um dos grevistas me disse:

– Temos as nossas reivindicações, porém não queremos causar prejuízos e nem danos à empresa onde trabalhamos. Graças ao emprego que temos, podemos manter a nossa família. Também não queremos prejudicar ninguém com as nossas greves.

Sinceramente, "tirei o chapéu". Fiquei muito admirado pela forma civilizada que eles faziam greves, preocupando-se em não prejudicar a empresa, assim como a população que nada tem a ver com a reivindicação dos grevistas.

Todos os funcionários falavam em "minha empresa", "nossa empresa". Até os funcionários de administração utilizavam, com orgulho, o uniforme da empresa do tipo macacão, com o nome da empresa, para ir ao restaurante ou ao shopping center.

As únicas férias que os trabalhadores do Japão têm durante o ano é chamada de “Golden Week” (semana dourada), e corresponde à junção de quatro feriados nacionais, do final de abril ao início de maio.

Também não existe limite de horas semanais para trabalhar, sendo isso algo livre; assim, no horário de saída, dificilmente alguém saía do serviço, pois todos continuavam trabalhando.

Não é por acaso que um país tão pequeno desprovido de recursos naturais tornou-se uma das maiores potências econômicas do mundo; além do piso salarial e nível cultural dos trabalhadores ser um dos mais altos do mundo.

Naquele momento, pensei que o Brasil é o paraíso dos trabalhadores, sem levar em conta outras dezenas e dezenas de mordomias excelentes para o trabalhador e péssimas para as empresas, que perdem competitividade, e para o país, que tem seu crescimento econômico comprometido.

Infelizmente no Brasil ainda existem greves que prejudicam as empresas, e consequentemente a economia do país e a população, que não possue relação com a reivindicação dos grevistas.

Não seria ilegítimo conquistar aumento de salário, prejudicando quem quer que seja? O aumento conseguido com tanto sacrifício não seria uma ilusão momentânea? Logo em seguida vem a inflação para corroer o aumento em pouco tempo. Não é isso que sempre tem acontecido?

Sabem por que isso ocorre? Em função da existência das regras da natureza inalterável e inviolável, as quais regem a vida de todas as pessoas que determinam as consequências correspondentes de ação e reação; ou seja, ninguém poderá ser feliz prejudicando quem quer que seja.

Eu mesmo, como “metalúrgico”, trabalhei muitos anos na época das greves constantes e sempre recebemos aumentos e mais aumentos, porém, cada vez que ganhávamos aumentos, aumentava mais a inflação que corroía os ganhos. O salário ficava cada vez mais defasado com a inflação que superou 80% ao mês, e 2500% ao ano.

No período de 1989 a 1993, vivemos uma época de calamidades de macroeconomia. Os preços das mercadorias eram remarcados diariamente, havendo cobrança de ágios, falta de produto alimentício, congelamento de preços, dinheiro confiscado no Plano Collor etc.

Não podemos reclamar de viver na época de economia estável, com inflação na casa de um dígito, por isso, devemos evitar as greves a todo o custo para que não volte novamente a loucura econômica dos anos 1990.

Jamais devemos participar das greves ou das manifestações depredatórias, que prejudicam a organização e a estabilidade social e econômica do país.

De nada adianta a felicidade e a saúde individual em um país onde predominam a guerra civil, o terrorismo, as instabilidades política e econômica, o desemprego e milhões de crianças passando fome.

Utilize a arma mais poderosa do ser humano chamada AMOR, caracterizada por afeição, benquerença, carinho, estima, amizade, fraternidade, dedicação, respeito, amor para com todas as pessoas, principalmente para com os seus familiares, a fim de criar um mundo mais fraterno e ideal no país onde você e sua família vivem.

As brigas, as greves, as guerras, os crimes e o terrorismo geram somente as desavenças que resultam em enfermidades e desditas e jamais poderão conquistar a felicidade. Como já disse, a lei de ação e reação que rege a vida de todas as pessoas determina as consequências correspondentes a cada ato. Portanto, amemos o nosso país, o Brasil.

Já disse diversas vezes, a família é o alicerce para construir a felicidade, assim como a saúde e a riqueza. Leia o próximo capítulo com muita determinação para estabelecer a harmonia no seu lar.

29

PRIORIZE A HARMONIA NA FAMÍLIA

A maioria das doenças é proveniente da convivência familiar, devido a um relacionamento informal, onde cada um fala sem nenhum cuidado de contundir e desagradar quem quer que seja, ocasionando brigas e insatisfação entre os familiares.

O aborrecimento, a insatisfação e o dissabor coibido para evitar brigas e desarmonias, assim como o nervosismo, são extremamente prejudiciais à saúde. Conter sentimento de nervosidade e aborrecimento é o mesmo que estancar as águas do rio. Em algum momento, as águas contidas deverão rebentar a barragem.

O mesmo ocorre se contiver o aborrecimento, pois um dia explodirá. Não será possível segurar a insatisfação para sempre, sem causar explosão em forma de brigas ou danos no seu corpo em forma de doença.

Tenho mencionado que as pessoas mais importantes do mundo são os familiares, portanto, você deve se relacionar com eles com o maior respeito possível, sem relacionamento informal. É preciso relacionar-se com extremo respeito, utilizando os termos mais educados e formais possíveis, gratulando constantemente por menor que seja o ato de favor, demonstrando gratulação e amor nos gestos e nas palavras utilizadas na família. Nunca chame atenção e também não demonstre raiva, sendo humilde ao se relacionar com qualquer pessoa da família.

Saiba que um dos maiores méritos da pessoa está na forma gentil de conviver com os familiares. Se você respeitar e amar os familiares, a sua vida será vitoriosa em todos os sentidos, seja na saúde ou na profusão da riqueza.

Aqueles que não respeitarem os familiares e viverem causando dissabores colherão inúmeras desditas na vida.

Quem briga sempre acha que está com a razão para ficar nervoso ou para dar o troco com ofensas e agressões. Segurar a insatisfação para não brigar é melhor do que aqueles que brigam e ofendem os familiares, ou quem quer que seja; entretanto, a insatisfação é o estado de desarmonia que desenvolve a briga interior.

Viver em harmonia não se trata de ser tolerante; é preciso que ambas as partes sintam respeito, amor, benquerença, estima e gratidão recíproca.

O leitor saberia dizer o porquê da necessidade de viver em harmonia? Bem, em primeiro lugar, trata-se da existência da regra Divina, que rege todos os seres humanos; por essa razão, aqueles que infringirem essa regra e viverem em desarmonia deverão arcar com as consequências infelizes.

Por outro lado, criar uma situação infeliz na sua vida e na sua saúde, em função da malevolência dos outros, não se justifica. Por isso, a Sabedoria Oriental Milenar diz para amar a si próprio em primeiro lugar. Isso significa que você não deve ficar nervoso em momento algum, a fim de não afetar a sua saúde.

Na verdade, se quiser viver feliz e imune a doenças, desgraças, infortúnio, desditas, fracassos, sofrimentos e pobrezas, deve-se eliminar as brigas por completo.

Por isso deve-se ter o máximo de gentileza e amor no coração para se relacionar com as pessoas. Não pense que pode agredir ou praticar maldades com quem quer que seja, só porque julga estar com a razão. Coloque-se no lugar da pessoa que foi agredida, para ver se a razão não está centrada no seu egoísmo.

Quando se joga uma pedra no lago, formam-se diversos círculos de pequenas ondas em torno dela, os quais se propagam progressivamente, aumentando o seu círculo na superfície do lago. Assim deve ser a harmonia na família; a família é o centro no qual o amor, o respeito, o afeto, o carinho e a estima deverão ser consolidados, criando ondas de harmonia e propagando progressivamente as vibrações de amor, aumentando o círculo de abrangência na sociedade.

Certamente você, caro leitor, deve saber que em qualquer organização existe a hierarquia, inclusive na sua família. Qualquer pessoa que não respeitar a hierarquia familiar jamais será feliz ou saudável, portanto leia o próximo capítulo com muita seriedade, combinado?

30

HONRE A CONSTITUIÇÃO FAMILIAR

Na família, existe uma estrutura hierárquica semelhante a uma organização empresarial que todos conhecem; entretanto, a organização familiar não é tão rígida como as empresas, onde o chefe tem o poder de "mandar embora" o funcionário briguento, sem educação, malcriado, que não obedece à ordem dele.

Antigamente, no Japão na era feudal, principalmente nas classes nobres das famílias de "samurai", a hierarquia era extremamente rigorosa, com o pai representando a autoridade total e absoluta em relação aos seus súditos, aos filhos e à esposa.

Quando alguém da família ou o súdito faltava com respeito ao pai (chefe da família), este poderia tomar decisão, levando às últimas consequências. O relacionamento entre o pai e a esposa, assim como entre o pai e o filho, era extremamente formal. O filho jamais poderia pensar em conversar informalmente com os pais, discordando, discutindo ou faltando com respeito.

O meu pai era descendente da classe da nobreza do Samurai, por isso, penso eu, ele era extremamente rigoroso na atitude, na honestidade e no relacionamento familiar, sendo um verdadeiro "ditador". Talvez eu tenha conseguido sobreviver aos castigos violentos do meu pai graças à minha mãe, que sempre me defendeu com toda a garra, apanhando no meu lugar.

Mesmo assim, nunca odiei o meu pai, muito pelo contrário, até nos dias de hoje tenho uma grande admiração e orgulho por ele. Hoje, com o conhecimento da Sabedoria Oriental Milenar que possuo, sei que a felicidade, a saúde, o sucesso e a prosperidade são os frutos de amor e respeito que você tiver com os seus pais.

Mesmo que esteja com toda a razão, gritar, desrespeitar e ofender qualquer que seja a pessoa, principalmente seus pais, seria um ato bastante equivocado. É muito melhor viver amando e sendo amado, em vez de viver brigando.

Infelizmente, ou felizmente, não se trata de uma opção do filho de gostar ou não do seu pai. Trata-se da existência da lei de Deus que rege a vida de todas as pessoas, a qual determina que os pais são as figuras mais importantes para os filhos, sendo, portanto, indispensável que os filhos tenham amor, gratidão e respeito para com os pais, assim como com os ancestrais.

Por favor, não se esqueça de viver de acordo com a Sabedoria Oriental Milenar, amando, respeitando e agradecendo a todas as pessoas, principalmente aos seus pais, para que você e sua família vivam sempre de forma saudável, protegida e feliz, imunes a quaisquer desditas.

Qualquer que seja o ato que não esteja em conformidade com a vontade divina, ele está errado.

Nunca se apoie em razão para agredir alguém, pois a razão que você julga possuir não deixa de ser a justificativa do seu egocentrismo. A única razão correta e imperiosa em relação às outras pessoas é a de amar e respeitar incondicionalmente.

Lembrei-me de que certa religião prega para temer o Senhor Deus. Outra religião prega que Deus é Amor. As duas pregações aparentam ser antagônicas, porém ambas estão corretas.

A pregação de "temer a Deus" significa temer as leis de Deus que exclui quaisquer atos de malevolências por menor que sejam, pois Deus se manifesta em formas de leis.

A outra afirmação de que Deus é Amor também está correta. Na verdade, Deus é um nome personificado pelos homens, e, como já disse, Deus é a própria lei que rege todos os seres animados e inanimados, compostos somente de amor. Portanto, qualquer ato malévolo é inconciliável com o amor de Deus.

Por essa razão, tudo que se refere aos atos e valores malignos segue rumos opostos ao amor de Deus por ser incompatível, não se tratando, entretanto, de um castigo, e sim da consequência do desvio de comportamento, como se fosse um veículo que sai do caminho e cai no despenhadeiro.

Para ser feliz, saudável e imune a quaisquer desgraças, não existe nenhuma fórmula mágica, a não ser viver somente com amor no coração, ou seja, com afeto, carinho, benquerença, estima, fraternidade, dedicação, respeito, devoção, meiguice, flexibilidade, consideração, cortesia, amabilidade, simpatia, bondade, obediência, atenção, humildade, paciência e coração dócil.

Elimine completamente o egoísmo, a crueldade, a ruin dade, a malevolência, a impiedade, a teimosia, a arrogância, a malignidade, a estupidez, a grosseria, a falta de educação, a impertinência, a esperteza e o nervosismo do seu coração.

Lembrei-me de um fato extremamente interessante, veja a seguir.

Há cerca de 50 anos, em uma empresa japonesa de pequeno porte, desde o falecimento do fundador, os funcionários faziam vigília no túmulo do fundador durante a noite, das 18h até as 6h da manhã, todas as noites, mesmo com as chuvas e neves do inverno, durante muitos e muitos anos. Essa empresa tornou-se uma das maiores empresas no ramo eletrônico do mundo.

Deixarei a conclusão por conta de cada leitor, acreditando que cada um estará apto a deduzir corretamente.

FIM

Contato com o autor:
marcosakio@yahoo.com.br